경제원조

류상윤

11

도서출판 해남

경제원조

초판1쇄 인쇄 2024년 1월 5일
초판1쇄 발행 2024년 1월 12일

저 자 류상윤
발행인 노현철
발행처 도서출판 해남

출판등록 1995. 5. 10 제 1-1885호
주 소 서울특별시 마포구 마포대로8길 9 영명빌딩 405호
전 화 739-4822 **팩스** 720-4823
이 메 일 haenamin30@naver.com
홈페이지 www.hpub.co.kr

ISBN 978-89-6238-811-4 93320

이 저서는 2021년 대한민국 교육부와 한국학중앙연구원(한국학진흥사업단)을 통해 K학술확산연구소사업의 지원을 받아 수행된 연구임(AKS-2021-KDA-1250002).

머리말

내전의 피해를 극복하고 경제개발에 나서는 과정에서 한국경제는 많은 양의 경제원조를 외국으로부터 받았다. 그리고 최근에는 거꾸로 한국이 외국에 경제원조를 주는 나라가 되었다. 이러한 역사는 한국경제에 어느 정도 관심을 가진 사람이라면 누구나 알고 있을 것이다. 하지만 한국경제가 경제원조와 맺어온 관계를 개관해 보려 한다면 참고할 만한 책이 쉽게 떠오르지 않는 것도 사실이다.

내가 경제원조 연구에 처음으로 발을 들이게 된 것은 박사학위 논문을 쓰던 때였다. 논문의 주제는 1910년대부터 1950년대까지 한국 중소 직물업의 전개 과정이었는데, 1950년대 중소 직물업의 주 원료가 바로 원조 자금으로 수입된 인견사(레이온사)였기 때문이다. 마침 대학원 재학 중에 미국 해외 원조기관 문서의 한국 부분 중 일부를 해제하는 일을 맡은 적도 있어서 1950년대 한국경제를 연구하려 하면 맞닥뜨리기

쉬운 사료 부족 문제도 어느 정도 비껴갈 수 있었다.

2022년에 서울대학교 한국경제와 K학술확산 연구센터의 지원을 받아 '한국경제와 해외원조'라는 동영상 강의를 만드는 기회를 얻었다. 10년 넘게 원조 관련 연구를 하면서 논문도 몇 편 썼지만 막상 한국경제가 원조를 받고 준 역사를 개괄하려 하니 그동안 손을 뻗지 못하였던 부분들도 적지 않았다. 그래서 동영상 강의 제작은 처음 생각하였던 것보다 힘든 과정이었지만 스스로에게 경제원조의 큰 그림을 볼 수 있는 매우 좋은 기회가 되었다.

이 책은 동영상 강의 제작의 경험을 바탕으로 한국경제가 경제원조와 맺어온 관계를 압축해 서술해 보고자 한 것이다. 아무쪼록 한국경제에 관심을 가지고 있는 독자들, 특히 경제원조를 연구하고 있거나 연구에 입문하고자 하는 독자들에게 참고 도서로서 활용되기를 바란다.

2023. 12

류상윤

차례

들어가며

한국은 막대한 경제원조를 받던 나라 중 괄목할 만한 경제성장을 이루어, 이제는 원조를 주는 나라가 된 대표적이면서 매우 드문 사례이다. 경제원조라는 국제개발협력은 오랜 역사를 가지고 있지만 여전히 효과성 등에서는 많은 논쟁이 제기되고 있기 때문에, 특히 원조의 효과적인 집행이라는 측면에서 한국의 원조 역사는 많은 시사점을 제공할 수 있다.

이 책은 경제원조에 관심이 있는 한국경제 연구자들을 위해 한국에 제공된 주요 원조 프로그램, 그리고 원조를 받던 나라에서 주는 나라로 전환된 과정 등 한국경제와 경제원조의 역사를 개괄한 것이다. 물론 다루어야 할 주제들이 더 많지만 책이 무거워지지 않도록 원조의 흐름을 이해하는 데 꼭 필요해 보이는 내용들 위주로 정리해 보았다.

제1장에서는 한국에 대한 이야기에 들어가기 앞서 먼저 경제원조의 역사와 ODA 개념을 소개한다. 경제

원조라고 하는 국제개발협력이 제2차 세계대전 이후 어떤 흐름 속에서 전개되었는지 살펴보고 경제원조를 측정하기 위해 일반적으로 사용되는 ODA의 정의를 알아본다.

제2장에서는 1950년대 중후반에 한국에 제공된 원조 중 UNKRA 원조와 FOA/ICA 원조에 대해 알아본다. UNKRA 원조는 비록 규모는 크지 않았지만 한국전쟁 후 최초의 경제부흥 원조였으며, 근대경제학에 기초한 최초의 경제개발계획이 작성된 점에 특징이 있다. FOA/ICA 원조는 미국이 제공한 대규모의 경제부흥 원조인데, 프로젝트 원조와 비프로젝트 원조로 나누어 그 특징을 살펴보는 것이 유용하다. 특히 배분 방식에 주목할 필요가 있다.

제3장에서는 유상 원조, 즉 양허성 차관에 눈을 돌려 한국 정부의 차관 도입 정책과 실제 도입 추이를 정리한다. 제4장에서는 잉여 농산물 원조와 기술 원조라고 하는 조금 특색 있는 원조가 한국경제에 어떻게 제공되어 왔는지 알아본다.

제2장부터 제4장까지가 한국에 제공된 원조를 다루고 있다면 제5장에서는 한국이 원조를 주는 나라로 전환되어 간 과정을 다룬다. 1996년 OECD에 가입

한 한국은 2000년부터 OECD의 수원국(受援國) 리스트에서 제외되었다. 그리고 2009년에는 원조 공여국 클럽인 DAC에 가입하게 된다. 그 과정에는 한국 정부의 여러 정책적 노력이 있었다.

마지막 제6장에서는 경제원조의 효과성에 관한 논의들을 정리한다. 매년 많은 양의 ODA가 개발도상국에 제공되고 있고 계속 늘어나는 추세이지만, 과연 그만큼의 개발 성과를 내고 있는지에 대한 의문도 끊이지 않고 있다. 먼저 원조의 효과성에 관한 국제 사회의 논의를 소개하고 다음으로 한국이 받은 원조에 초점을 맞추어 그동안의 논의를 소개한다.

1

경제원조의 역사와 ODA 개념

경제원조의 역사

ODA 개념

경제원조의 역사

국제개발협력에서 '경제원조'는 어떤 나라가 개발도상국의 경제적 후생 증진을 위해 재화나 서비스를 제공하는 것을 의미한다. 여기서 경제적 후생 증진이라고 하면 경제성장, 구호 등이 포함되며 무기의 공급과 같이 군대를 직접적으로 지원하는 '군사원조'는 포함되지 않는다.

제2차 세계대전 후 많은 신생 독립국이 생겨나면서 저개발국 또는 개발도상국에 대한 지원, 즉 경제원조가 국제 사회의 현안으로 떠올랐다. 그런데 규모나 체계 면에서 경제원조가 본격적으로 시작된 것은 미국 정부에 의해서였으며 그 배경에는 냉전이 있었다. 1948년 미국은 이른바 '자유 진영'에 속한 서유럽 국가들을 대상으로 '마셜 플랜'(Marshall Plan)●을 개시하였다. 마셜 플랜은 전쟁으로 파괴된 서유럽 지역의 경제부흥을 지원한 미국 원조 프로그램의 별칭으로서 미국 경제원조의 출발점이며 아직까지도 성공한 원조의 대표 주자로서 거론된다.

마셜 플랜은 당시 미국 국무장관 조지 마셜의 이름을 딴 것이다. 그는 1947년 6월 하버드대 졸업식에

마셜 플랜: 제2차 세계대전으로 파괴된 서유럽 국가들의 경제 재건을 위해 미국이 1948년 개시한 원조 프로그램. 정칙 명칭은 '유럽 부흥 계획'(European Recovery Program)이지만 당시 국무부 장관이었던 조지 마셜의 이름을 따 흔히 '마셜 플랜'으로 불린다.

서 유럽 국가들이 공동의 경제부흥계획을 세우는 것을 전제로 해서 미국이 이를 원조하겠다는 의사를 밝혔다. 다음은 당시 연설문 중 일부이다.

> 이 문제의 진실은 향후 3~4년간 유럽이 필요로 하는 외국의, 주로 미국의 식량과 다른 필수품들이 유럽의 현재 지불 능력에 비해 너무나 많아서 상당한 추가 지원을 받지 못하면 유럽은 경제적, 사회적, 정치적으로 매우 심각히 악화된 상황에 직면하게 되리라는 것이다. (중략) 분명한 것은 미국 정부가 그러한 상황을 완화시키고 유럽 세계가 회복으로 나아갈 수 있도록 돕는 데 더욱 힘쓰기 전에 미국 정부가 어떤 행동을 하든지 적절한 효과를 만들어 낼 수 있도록 유럽 국가들 사이에서 현 상황에 필요한 것과 그들 스스로 맡을 부분에 대해 어떠한 합의가 있어야 한다는 것이다.

이에 대한 응답으로 서유럽 국가들은 1948년 4월 유럽경제협력기구(Organization for European Economic Cooperation: OEEC)를 조직하였다. OEEC는 경제협력개발기구(Organization for Economic Cooperation and Development: OECD)의 전신이기도 하다. 미국 의회는 「1948년 대외원조법」을 만들어 서유럽 국가들의 경제부흥을 지원하였다. 이 법에 따라 미국의 해외원조기구로서 '경제협조처'(Economic Cooperation Administration:

ECA)가 설립되고 마셜 플랜이 실시되었다. 미국의 원조는 'ECA 원조', 'ICA(International Cooperation Administration, 국제협조처) 원조' 등과 같이 해외원조기구의 이름을 붙여 구분하기도 하므로 기구의 명칭, 특히 약칭에도 주의를 기울일 필요가 있다.

한편, 1948년 11월 선거에서 재선된 트루먼 대통령은 다음 해 1월 취임 연설에서 미국 외교 정책 방침을 네 가지로 요약하였다. 첫 번째는 UN에 대한 확고한 지지, 두 번째는 세계 경제 재건 프로그램, 즉 마셜 플랜의 지속, 세 번째는 민주주의 국가들과의 공동 전선, 그리고 네 번째가 저개발 지역에 대한 기술 지원이었다.

이 네 번째 구상은 '포인트 포'라고 불리었으며, 1950년 6월 이를 실현하기 위해 「국제개발법」이 만들어졌다. 그리고 이 법에 따라 '기술협조처'(Technical Cooperation Administration: TCA)가 경제협조처와 병립하는 기관으로 설립되었다.

이후 냉전이 격화됨에 따라 미국 원조 정책의 방향도 전환되었다. 1949년 10월에는 국공내전의 결과 국민당 정부가 대만으로 피난하고 중화인민공화국이 수립되었으며, 1950년 6월에는 한국전쟁이 발발하였다. 그 결과 미국의 대외 정책에서 공산주의의 침략에 대한 대응이 강조되었고, 이를 위한 자본주의 세계의 재군비와 안전보장 체제의 강화가 원조 정책에도 반영되었다.

한국전쟁이 발발한 다음 해인 1951년 10월에는 「1951년 상호안전보장법」이 만들어졌고, '상호안전보장청'(Mutual Security Agency: MSA)이 설립되어 ECA를 대신하였다. 그리고 MSA의 수장인 '상호안전보장청 장관'은 군사원조, 경제원조, 기술 원조를 모두 감독하고 지도하는 책임자가 되었다.

ECA를 대체한 MSA와 TCA 사이의 공식적인 업무 분할은 경제원조는 MSA, 기술 원조는 TCA, 그리고 군사원조는 국방부가 맡는 것이었다. 하지만 실제로는 MSA와 TCA 사이에 지역 단위로 업무 분할이 이루어져 MSA는 유럽과 아시아, 특히 동남아시아에 대한 원조를, TCA는 주로 라틴아메리카에 대한 원조를 책임지게 되었다.

원조기구는 미국의 정권 교체에 따라 다시 변화를 겪었다. 작은 정부를 지향하는 공화당의 아이젠하워 대통령이 1953년 취임하자, 정부조직 개편 논의가 시작되고 비군사원조 관리의 일체화·효율화가 추진

되었다. 특히 MSA와 TCA의 업무 통합이 논의되었다. 그러한 작업의 결과로 그해 8월 '대외사업처'(Foreign Operations Administration: FOA)가 설립되었다. FOA는 MSA와 TCA가 분할 관리하던 지역들을 4개의 지역 담당 부서, 즉 극동 사업국, 유럽 사업국, 라틴아메리카 사업국, 근동·남아시아·아프리카 사업국을 설치하여 통합 관리하였다.

그런데 FOA가 설립된 지 얼마 되지 않아 미국 의회 내에서는 예산 사용의 합리화라는 관점에서 경제원조 관리에 대한 재검토가 이루어졌다. 그에 따라 「1954년 상호안전보장법」이 만들어졌는데, 그 핵심은 군사·경제원조가 특별기구인 FOA가 아니라 정부의 상설기구에 의해 관리되어야 한다는 것이었다.

이에 응답하여 아이젠하워 대통령은 1955년 6월, 국무부 내에 준독립기관으로 '국제협조처'(ICA)를 설치하였다. ICA는 FOA의 모든 업무를 계승하였는데, ICA에 대한 지시·통제 권한이 국무장관에게 있었기 때문에 경제원조는 확실하게 국무장관의 통제하에 놓이게 되었다.

ICA는 민주당 케네디 정부가 수립된 후 「1961년 대외원조법」이 만들어져 현재의 '국제개발처'(Agency for

|그림 1| **미국 해외원조기구의 변천**

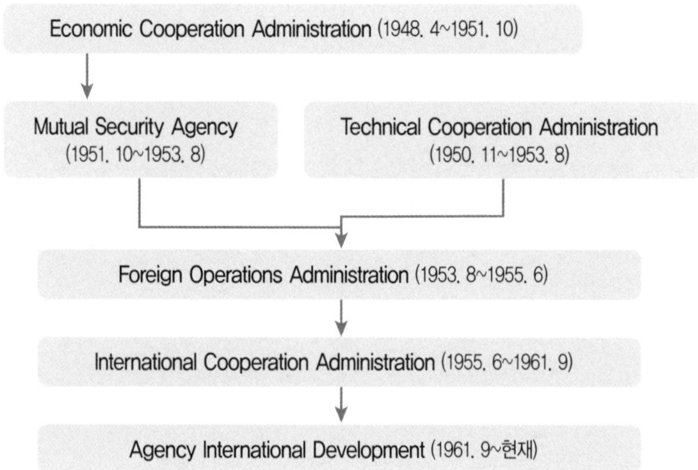

International Development: AID)가 설립될 때까지 미국의 해외원조기구로서 기능하였다. 그림 1은 지금까지 검토한 미국 해외원조기구의 변천을 플로 차트로 만들어 본 것이다.

1950년대 경제원조가 거의 미국의 원조였다면 1960년대에는 1950년대 경제부흥을 달성한 서유럽 국가들과 일본도 원조기구를 정비하고 경제원조에 참여하기 시작하였다. 1961년 프랑스의 협력부, 독일의 경제협력부, 스웨덴의 국제개발처, 일본의 해외경제협력기금이 설립되었고, 1964년에는 영국의 해외개발부가 설립되었다.

그러자 미국은 혼자 지고 왔던 경제원조의 짐을 다른 선진국들과 나누어지고자 하였다. 1960년 미국 주도로 '유럽경제협력기구'하에 '개발원조그룹'(Development Assistance Group: DAG)이 구성되었고, 1961년 OEEC가 '경제협력개발기구'로 확대되자 DAG도 '개발원조위원회'(Development Assistance Committee: DAC)•로 상설화되었다. OECD DAC는 선진국들의 경제원조 규모를 통일적으로 파악하기 위해 '공적개발원조'(Official Development Assistance: ODA)라는 개념을 도입하는 등 수원국 간의 협력에서 중요한 역할을 해왔다. ODA 개념에 대해서는 다음 절에서 자세히 설명하도록 하겠다.

OECD 개발원조위원회(DAC): 선진국들 간에 원조 등 국제개발협력과 관련된 이슈들을 논의하기 위한 포럼으로서 OECD 산하에 설치된 기구. 2023년 말 현재 32개 회원(31개국과 EU)으로 구성되어 있으며 2~3년에 한번씩 회원국 장관들이 참여하는 고위급회의를 개최한다.

1960년대는 다자간 원조기구, 즉 국제기구들이 많이 만들어진 시기이기도 하다. 1960년에는 세계은행 산하에 '국제개발협회'(International Development Association: IDA)가 설립되었고, 이듬해인 1961년에는 UN 산하에 '세계식량계획'(World Food Programme: WFP)이 설립되었다.

그 후 1964년에는 'UN무역개발회의'(United Nations

Conference on Trade and Development: UNCTAD), 1965년에는 'UN개발계획'(United Nations Development Programme: UNDP), 1966년에는 'UN공업개발기구'(United Nations Industrial Development Organization: UNIDO) 등도 설립되었다. 이처럼 1960년대는 국제개발협력 체제가 미국 밖의 주요국과 국제기구로 확산되고 정비된 때라고 할 수 있다.

시간이 흘러 1970년대에는 개발도상국의 곤란을 부각시키는 사건들이 연이어 일어났다. 대표적인 것이 기아(飢餓) 사태와 석유 파동이다. 1970년대 전반에는 아프리카 중부 지역에서 가뭄이 몇 년간 지속되었고, 1974년에는 에티오피아와 방글라데시가 기근으로 큰 고통을 겪었다. 또한 1973년 제4차 중동전쟁 발생 후 '석유수출국기구'(Organization of Petroleum Exporting Countries: OPEC) 회원국들의 금수조치로 제1차 석유 파동이 발생하였으며, 1970년대 말에는 OPEC 회원국들의 감산 합의와 이란 국내 혼란으로 제2차 석유 파동이 발생하였다. 석유 파동으로 석유 수출국은 큰돈을 벌게 되었지만, 석유를 수입에 의존하던 대다수 개발도상국들은 물가가 크게 오르고 외화 지출이 늘어나 경제난과 외채 문제를 겪게 되었다.

이처럼 1950년대 이후 경제원조가 계속되는데도 선진국과 개발도상국 간의 격차는 줄어들지 않고 오히려 커지는 모습을 보였다. 또한 국가 주도로 경제가 성장하더라도 빈곤 문제는 줄어들지 않는 상황이 나타났다. 이 때문에 기존 개발원조 방식에 대한 비판이 제기되기 시작하였고, 그에 따라 기존의 국가 단위의 성장 지원을 목표로 한 원조에서 벗어나 개개인의 빈곤 감소에 실질적인 도움을 주는 원조가 이루어져야 한다는 점이 부각되었다.

이때 대두된 개념이 '인간의 기본 욕구'이다. 충분한 음식, 깨끗한 물, 주거, 위생, 건강, 보건, 기본 교육 등이 제공될 수 있는 기반 조성이 강조됨에 따라 원조의 방식이 좀 더 마이크로 지향적으로 변화되었고, 생산적 투자를 통한 개발보다 빈곤 탈출을 위한 최소한의 소비 실현이 중시되었다. 이러한 프로젝트들의 실행은 점차 비정부기구(Non-Governmental Organization: NGO)와의 연계를 통해 이루어지게 되었고, 그로 인해 원조에서 NGO의 역할이 커진 것도 이 시기의 특징이라고 할 수 있다.

1970년대의 또 다른 특징은 다자간 원조가 부상하였다는 점이다. 1970년대에 세계은행 산하 국제개발협회의 융자는 주요 선진국들의 기여 증가와 함께 지속적으로 늘어났다. 유럽개발기금은 유럽연합의 전신인 유럽공동체 회원국의 과거 식민지였던 아프리카와 카리브해의 개발도상국들에 대한 지원을 크게 늘렸다. 다자간 원조는 상대적으로 공여국의 외교나 영리 동기가 작기 때문에 개발원조로서의 성격이 강하였다. 다만, 1980년대가 되면 미국을 시작으로 다자간 원조에 대한 반대 분위기가 형성되면서 자금 조달이 어려워져 다자간 원조의 비율이 다시 감소하기도 하였다.

대다수 개발도상국들에게는 1970년대뿐만 아니라 1980년대도 어려운 시기였다. 1970년대 말의 제2차 석유 파동 이후 전 세계가 스태그플레이션에 빠지게 되자 개발도상국들의 외채난은 외채위기로 비화되었다. 1982년 멕시코가 채무불이행을 선언하였고, 외채위기가 남미 등 다른 개발도상국들로 퍼져갔다.

이때부터 '구조조정'이 개발도상국 지원의 키워드로 부상하였다. 그전까지는 인프라 프로젝트 지원에 주력하던 세계은행과 긴급 국제수지 방어 역할을 하던 IMF는 개발도상국들에게 유리한 조건의 자금을 제공하는 대신 수원국의 경제 정책에 폭넓게 개입하여, 이른바 '워싱턴 컨센서스•'라고 불리던 표준적인 내용으로 개혁을 실시하였다. 즉, 대내적으로는 정부 역할을 줄이는 대신 시장 기능을 늘리고, 대외적으로는 무역·투자의 자유화를 추진하는 것이었다.

워싱턴 컨센서스: 워싱턴에 위치한 IMF, 세계은행 등이 경제위기에 빠진 개발도상국들에게 표준 개혁 패키지로서 제공해 온 경제 정책들의 집합. 시장 근본주의라고도 불릴 정도로 매우 강한 시장 기반 접근을 특징으로 한다.

이러한 변화의 배경에는 스태그플레이션 상황에서 케인스주의가 후퇴하고, 영국의 대처와 미국의 레이건으로 상징되는 신자유주의가 득세한 상황이 있었다. 수출주도형 공업화에 성공한 한국 등 아시아 신흥공업국들의 경험도 시장 친화적 개혁의 대표 사례로서 거론되었다. 한편으로는 1970년대부터 원조에서 영향력을 키워 온 NGO들을 중심으로 이러한 구조조정 방식의 원조에 대한 반대 목소리도 나오기 시작하였다.

1990년대는 냉전의 해체로 시작되었는데, 이 사건은 원조의 필요성에 대한 인식을 낮추는 계기가 되기도 하였다. 이념 경쟁의 측면에서 제3세계 국가들에게 많은 원조를 제공해 오던 국가들, 특히 미국 정부가 더 이상 그렇게 할 필요를 느끼지 않게 되었기 때문이다.

한편, 동유럽 사회주의 정권들이 잇따라 붕괴하면서 시장경제와 민주주의가 지배적인 체제로 받아들여지게 되었다. 미국 주도의 단일한 시장경제 체제가 공고해지면서 세계화라는 개념 또는 현상이 국제경제에서 부상하였으며, IMF와 세계은행은 워싱턴 컨센서스를 더욱더 개발도상국에서 실현하고자 하였다.

그런데 1990년대 중반부터는 그러한 구조조정 정책이 사회적 약자에 대한 보호장치를 약화시켜 오히려 빈곤을 심화시키고 있다는 비판이 커지기 시작하였다. 이것은 선진국이 개발도상국 부채를 탕감함으로써 2000년을 대희년으로 만들자는 'Jubilee 2000' 운동으로 이어져 국제적으로 큰 파장을 일으켰다.

2000년 UN 정기총회에서 채택된 새천년 선언과 이후 구체화된 새천년개발목표는 이러한 맥락에서 나온 것이었다. 새천년개발목표는 ① 극단적인 빈곤과 기아 탈출, ② 보편적 초등 교육 제공, ③ 남녀평등 및 여성 권익 향상, ④ 아동 사망률 감소, ⑤ 모자보건 향상, ⑥ 에이즈, 말라리아 등 각종 질병 퇴치, ⑦ 지속 가능한 환경 보전, ⑧ 개발을 위한 국제적 파트너십 구축이라는 여덟 가지 목표로 이루어졌다. 이들 목표로부터 알 수 있듯이 1990년대 들어 개발협력의 관심은 환경, 여성 등 다양한 이슈로 확대되었다.

새천년개발목표의 실현 과제 중에는 원조 공여국이 자국의 국민소득, 즉 GNI 대비 0.7% 수준의 ODA

를 제공하도록 하는 것이 포함되어 있었다. 이러한 영향으로 2000년대에는 전체 원조액이 다시 늘어나는 모습이 나타났다.

1990년대 이후 국제개발 담론에서 '굿 거버넌스'라는 개념이 중요한 개념으로 부상한 점에도 주목할 필요가 있다. 신자유주의에 기반한 구조조정 정책이 의도한 바의 성과를 이루지 못하자 그 이유를 수혜국의 거버넌스에서 찾는 경향이 나타난 것이다. 이와 관련하여 중요한 개념이 '원조의 효과성'이다. 원조의 효과성을 높이기 위해서는 수혜국의 거버넌스가 일정한 수준이 되어야 하며, 다른 한편으로 원조가 수혜국 거버넌스의 수준 향상에 기여해야 한다는 것이다. 하지만 굿 거버넌스가 원조의 필요조건 또는 선행 조건으로 해석됨에 따라, 더욱 지원이 절실한 사람들에게 원조가 충분히 제공되지 못하는 문제점이 발생하기도 하였다.

새천년개발목표는 구체적이고 뚜렷한 목표와 세분화된 지표를 제시하여 나름대로의 성과를 거두었다고 평가되고 있다. 하지만 경제적 불평등, 인권, 기후변화와 같은 글로벌 이슈를 소홀히 하였다는 비판도 제기되었다. 새천년개발목표의 목표 해였던 2015년이 되자 UN은 이러한 단점을 보완하여 2030년까지 달성해야 할 지속가능개발목표를 새롭게 채택하였다.

지속가능개발목표는 개발도상국뿐만 아니라 전 세계가 '경제성장-사회 발전-지속 가능한 환경 보존'이라는 세 축의 균형 발전을 추구하는 것이 특징이며, 빈곤 종식, 기아 종식, 건강과 웰빙, 양질의 교육, 성평등, 깨끗한 물과 위생, 적정한 청정에너지, 양질의 일자리와 경제성장, 산업·혁신과 사회 기반 시설, 불평등 감소, 지속 가능한 도시와 공동체, 책임감 있는 소비와 생산, 기후변화 대응, 해양 생태계 보호, 육상 생태계 보호, 평화·정의와 강한 제도, 목표를 위한 파트너십 등 열일곱 가지의 목표로 구성되어 있다.

ODA 개념

앞 절에서는 경제원조라고 하는 국제개발협력의 역사를 간략히 살펴보았다. 이 절에서는 경제원조의 규모를 파악하는 데 사용되는 '공적개발원조'(ODA) 개념에 대해 소개하고자 한다.

제2차 세계대전 종전 후 개발도상국의 경제성장(또는 폭넓게 경제적 후생 증진)에 선진국들이 역할을 해야 한다는 논의가 전개되었다. 서유럽 국가들이 1950년대 경제부흥을 이룬 후에 이러한 주장은 더욱 거세졌다. 1960년 UN은 선진국들이 국민소득의 약 1%를 국제개발협력에 제공해야 한다고 결의하였다. 또한 미국은 1960년 OEEC DAG를 조직하는 등 자신이 진 짐을 서유럽 국가들과 나누고자 하였다. 이에 따라 국제개발협력에 각 선진국이 어느 정도 기여하고 있는지, 즉 규모를 측정하는 것이 중요해졌다.

ODA 개념이 등장하기 전에도 경제원조라는 막연한 개념은 있었다. 예를 들어, 『UN 통계연감』 1957년판부터 등장한 '국제경제원조' 표에서는 증여(grant), 즉 무상 원조와 만기 5년 이상의 장기 차관을 경제원조로서 집계하였다. 이에 비해 OEEC DAG는 1961년 『개발도상국으로의 자금 흐름』이라는 보고서에서 만기 1년 이상의 차관, 대개도국 수출에 대한 수출신용(export credits), 민간투자 등을 포함시켰다.

1969년에 OECD DAC에서 정의한 ODA 개념은 1960년대 진행된 논의의 결과였다. 첫 번째 단어인 '공적'(official)은 원조를 주고받는 주체가 공적 기구이어야 함을 의미한다. 즉, 1961년 OEEC DAG 보고서에는 포함되었던 민간 부문의 자금 흐름은 제외하기로 한 것이다. 민간투자뿐만 아니라 한국의 어떤 종교단체가 개발도상국에 가서 물품을 나누어 주거나 학교를 지어주는 것도 ODA에는 들어가지 않는다.

두 번째 단어인 '개발'(development)은 원조의 목표가 개발도상국의 경제적 후생 증진에 있어야 함을 의미한다. 개발이라는 단어가 포괄하는 영역은 매우 넓지만, 군사원조가 ODA에 포함되지 않는 것은 분명하다.

세 번째 단어인 '원조'(assistance)는 공적 자금 흐름 중에서도 개발도상국을 돕는다는 성격이 분명한 것만 포함됨을 의미한다. 즉, 공적 자금 흐름 중에서도 증여와 양허성 차관(concessional loan)만이 포함된다.

먼저 대개도국 수출에 대한 공적 수출신용은 제외된다. 수출신용이 개발도상국에 어느 정도 혜택이 되는 것은 사실이지만 일차적으로 수출국 기업에 혜택이 되기 때문이다. 수출신용 형태로만 공적 자금 흐름을 늘려서는 안된다는 논의가 반영된 것이다. 공적 수출신용은 '기타 공적 자금'(Official Other Flows: OOF)이라는 분류하에 따로 집계된다.

다음으로 개발도상국에 혜택이 되지 않는 차관은 제외된다. 1960년대 들어 개발도상국의 부채 상환 부담이 국제 사회에서 문제로 제기되면서 개발도상국에 차관을 제공할 때 빌리는 쪽에 유리한 조건으로 할 것이 요구되었다. 개발도상국에 혜택이 되는 것을 '양허성'(concessinality)이라고 하는데, 'concession'이라는 영어 단어를 사전에서 찾아보면 양보나 할인이라는 뜻을 가지고 있다. 그런데 어떤 차관이 양보나 할인이라는 특성을 가지고 있는지를 어떻게 판단할 것인가?

1969년 ODA 개념이 처음 도입되었을 때는 특정 차관의 양허성 여부를 판단하기보다는 어떤 나라에서 제공하는 ODA가 가져야 할 특성을 아래와 같이 규정하였다(Scott 2015: 11).

A. ODA 약정액의 85% 이상은 각 거래의 양허율이 61% 이상인 거래로 구성할 것

또는

B. ODA 약정액의 85% 이상은 평균 양허율이 85% 이상일 것

여기서 '양허율'(concessional element)은 '증여율'(grant

element)을 가리킨다. 증여율이란 차관 제공액에서 이자 및 원금 상환액의 현재 가치를 뺀 값이 차관 제공액 중 얼마의 비율을 차지하는가를 계산한 것이다. 즉,

증여율=(차관 제공액−이자 및 원금 상환액의 현재 가치)/차관 제공액×100(%)

차관의 경우 돈을 빌리는 시점과 갚는 시점이 다르기 때문에 차관제공액과 원리금 상환액을 비교하려면 같은 시점의 가치로 그 금액을 변환해야 한다. 이때 사용하는 개념이 '현재 가치●'이다. 예를 들어, 어떤 경제의 연이자율이 10%라면 현재의 100만 원은 1년 후의 110만 원과 같은 가치를 지닌다. 뒤집어 말하면, 1년 후 110만 원의 현재 가치는 100만 원이다. 이때 미래 가치를 현재 가치로 환산할 때 적용하는 이자율을 할인율이라고 부른다.

현재 가치: 경제학이나 재무관리이론에서 미래에 예상되는 현금 흐름을 현 시점의 가치로 환산한 것. 돈은 시간이 지나면 이자를 벌어올 수 있기 때문에 미래 1원의 가치는 현재 1원보다 낮다.

따라서 증여율을 다르게 표현하면, 원조 수혜자의 관점에서 차관을 받음으로써 '이득'이 된 금액 또는 원조 공여자의 관점에서 차관을 제공함으로써 '손해'를 감수한 금액이 차관액 중에서 차지하는 비율이

라고도 할 수 있다. 당연하게도 무상 원조, 즉 증여는 증여율이 100%이다.

1972년에는 ODA 정의가 수정되었는데, 이 수정된 정의가 2010년대 중반까지 사용되었다. 수정된 정의에서는 개별 차관의 증여율을 계산해 양허성 차관 여부를 판단하였다. 증여율이 25% 이상이면 양허성 차관이 되었는데, 계산에 적용하는 할인율은 10%로 통일하였다. 2018년부터는 양허성 차관을 판단하는 기준이 달라졌지만 ODA가 증여와 양허성 차관으로 구성되는 점은 바뀌지 않았다. 따라서 OECD 홈페이지 등을 보면 ODA는 '공적 기구(중앙·지방정부 또는 그 실무기구)가 개발도상국의 경제 발전과 후생 증진을 위해 개발도상국과 다자간 개발 기구에 제공한 증여와 양허성 차관'이라고 정의되어 있다.

OECD 통계 홈페이지에서도 ODA는 증여와 양허성 차관으로 크게 분류되어 집계되어 있다. 그런데 차관의 경우 일방적으로 주기만 하는 것이 아니라 때가 되면 갚기도 한다. 그래서 OECD DAC는 증여와 양허성 차관의 제공액에서 양허성 차관 상환액을 뺀 값을 순(net) ODA라 하여 ODA 통계의 기본으로 삼았다. 순 ODA를 ODA 공여국의 관점에서 순지출(net imbursement)이라고도 한다.

그런데 '할인율 10% 적용 시, 증여율 25% 이상'이라는 양허성 차관의 기준에 대해 1990년대 말 세계은행의 경제학자들로부터 문제 제기가 있었다. 세계은행 소속 경제학자 3명은 1999년 『원조 흐름 측정: 새로운 접근』이라는 보고서에서 원조를 순 ODA 대신 '유효개발원조'(effective development assistance: EDA)라는 개념에 따라 측정할 것을 제안하였다.

이들의 주장은 원조 공여자가 차관을 제공함으로써 '손해'를 감수한 금액을 제대로 계산하려면, 첫째 할인율을 일괄적으로 10%로 적용해서는 안되며, 둘째로 증여율 25% 이상이라고 해서 해당 차관 모두를 원조액으로 보아서는 안된다는 것이었다.

이들은 증여율 계산식의 분자에 해당하는 부분, 즉 차관 제공액에서 이자 및 원금 상환액의 현재 가치를 뺀 '증여등가액'(grant equivalent)•만큼만을 원조액으로 볼 것을 제안하였다. 또한 증여율 계산에 적용하는 할인율을 일괄적으로 10%로 하지 말고 시장 이자율을 사용하자고 하였다.

이들의 제안은 공여국들이 이에 반응하지 않으면서 잊혀진 제안이 될 뻔하였다. 그런데 한참 후인

증여등가액: 차관 제공에서 앞으로 이자 및 원금으로 갚아야 할 금액의 현재 가치를 뺀 값. 이 값을 차관 제공액으로 나눈 것이 증여율이므로 차관 제공액에 증여율을 곱하면 증여등가액이 되기도 한다. 원조 공여자가 차관을 제공함으로써 사실상 무상 공여한 금액이 얼마인지를 보여 준다.

2010년대 들어 ODA 개념을 재고해야 한다는 논의가 다시 국제개발협력 분야에서 제기되었다. 2012년 OECD DAC가 EU의 ODA를 검토하였는데, EU가 재원 부족을 이유로 양허성이 낮은 차관을 늘린 것이 드러났기 때문이다. 즉, 증여율이 25% 이상이면 그것이 26%이든 50%이든 차관 전체가 ODA로 집계되는 상황에서는 공여국들이 증여율이 낮은 차관을 늘릴 유인을 가지게 되었던 것이다.

이에 따라 1999년 세계은행 보고서에서 그랬던 것처럼 증여등가액 개념이 다시 주목을 받게 되었다. 증여등가액만큼만 ODA로 인정하면 양허성을 낮추는 꼼수를 막을 수 있기 때문이다. 결국 OECD DAC는 2018년 통계부터 기존의 순지출 방식 대신 증여등가액 방식을 도입하게 되었다. 1999년의 EDA 개념과 다른 점은 EDA가 모든 공공차관을 대상으로 증여등가액을 계산해 합하였다면 새로운 증여등가액 방식은 수혜국의 소득 그룹별로 증여율이 일정 비율 이상인 차관에 한정해 증여등가액을 합산한다는 점이다. 또한 EDA 개념은 할인율을 시장 이자율로 하였지만 새로운 증여등가액 방식은 수혜국의 소득 그룹별로 고정된 비율로 하였다.

|표 1| 증여등가액 방식 ODA 정의의 증여율 기준과 적용 할인율

	증여율 기준	할인율
LDC(최빈개발도상국), LIC(저소득국)	45% 이상	9%
LMIC(저중소득국)	15% 이상	7%
UMIC(고중소득국)	10% 이상	6%

표 1은 새로운 ODA 정의에서 수혜국의 소득 그룹별 할인율과 증여율 기준이다. 할인율의 경우 가장 소득이 낮은 최빈개발도상국이나 저소득 국가에는 9%, 저중소득 국가는 7%, 고중소득 국가는 6%를 적용하여 이들이 직면하고 있는 국제 금융시장의 현실을 반영하고자 하였다. 증여율 기준의 경우 기존에는 무조건 25% 이상으로 하였지만, 소득 그룹별로 45% 이상, 15% 이상, 10% 이상으로 차등화하여 소득이 낮은 국가들에 대해서는 양허성이 매우 높은 차관을 제공할 유인을 만들었다.

이상 국제 사회에서 경제원조 규모를 계산할 때 사용하는 ODA 개념에 대해 알아보았다. 다음 장으로 넘어가기 전에 한국에 제공된 ODA 규모가 어느 정도였는지 보도록 하자. OECD 통계 홈페이지는 1960년부터 1999년까지 한국에 제공된 ODA를 순지출 방식으로 집계해 제공하고 있다. 여기

|그림 2| **한국에 제공된 ODA, 1945~1999**

(단위: 백만 달러)

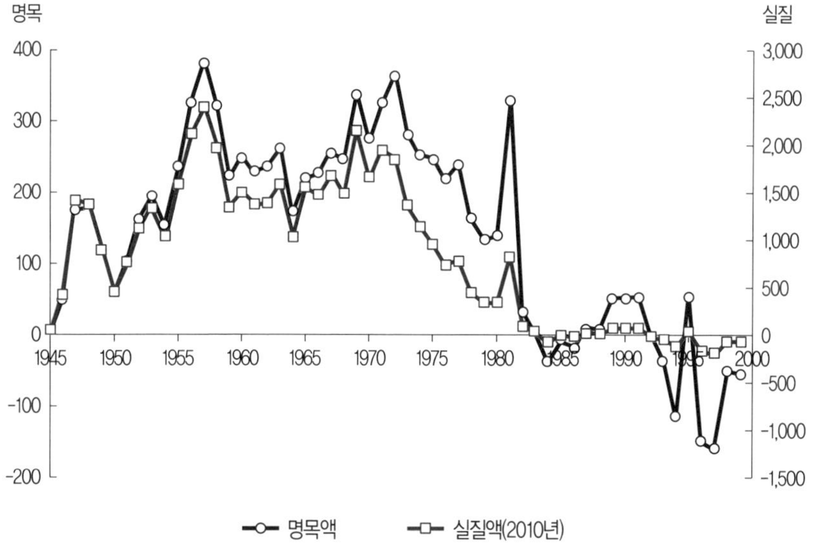

주: 1945~1959년의 명목액은 한국은행의 원조 통계를 옮긴 것이며, 실질액은 명목액을 미국 GDP 디플레이터로 나눈 것이다.
자료: 김두얼·류상윤(2014)의 부표 1.

에 1945~1959년에 한국에 제공된 증여의 수치를 한국은행의 원조 통계에서 옮겨 함께 제시한 것이 그림 2이다. 실질액 기준으로 1957년과 1969년에 두 차례 피크가 있었으며 1970년대에 빠르게 감소해 1980년대 이후로는 사실상 원조를 받는다는 의미가 없어졌음을 알 수 있다. 제2장에서는 증여가 중심이었던 1950년대, 제3장에서는 양허성 차관이 중심이었던

1960~1970년대에 초점을 맞추어 한국의 수원 경험을 살펴보고자 한다.

2

증여의 시대:
1950년대 UN과 미국의 경제원조

제1장에서 살펴보았듯이 ODA는 증여와 양허성 차관으로 구성되어 있다. 그림 2에서는 한국에 제공된 ODA의 추이를 보았는데, 증여와 양허성 차관의 추이를 따로 살펴보면 어떠하였을까?

그림 3은 한국에 제공된 ODA 실질액의 추이를 증여와 양허성 차관으로 나누어 그린 것이다. 1950년대 ODA는 모두 증여였으며 1957년에 피크를 찍고 이후 감소하였다. 대신에 양허성 차관이 늘어나 1960년

|그림 3| **한국에 제공된 ODA의 구성, 1945~1999**

(단위: 백만 달러, 2010년 가격)

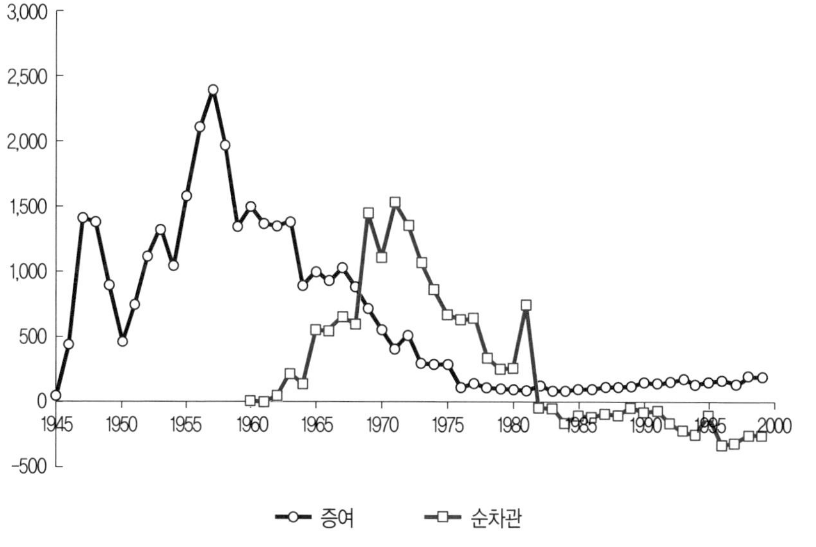

자료: 김두얼·류상윤(2014)의 부표 1.

|그림 4| **한국에 제공된 ODA의 GDP 대비, 수입액 대비 비율**

(단위: %)

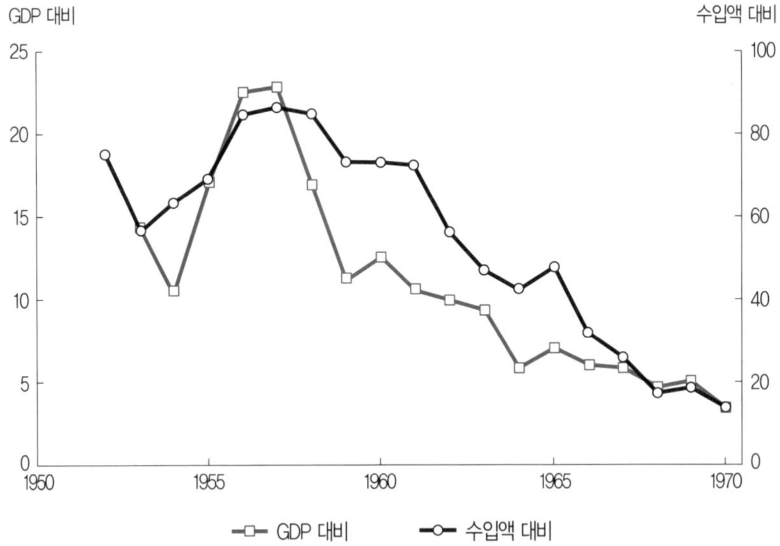

자료: 김두얼 · 류상윤(2014)의 부표 1; 한국은행 경제통계시스템(https://ecos.bok.or.kr); 한국은행, 『경제통계연보』.

대 말에는 증여보다 많아졌고 1970년대 초에 정점을 이루었다.

1950년대는 한국경제에서 원조의 역할이 가장 컸던 때이기도 하다. 한국에 제공된 ODA는 한국 GDP 대비 11~23%, 한국 수입액 대비 56~87%의 규모였다(그림 4). 이 비율은 1960년대 이후 감소하여 점차 0에 가까워졌다. 1950년대 한국경제를 특별히 '원조경제'라고 부르는 이유가 바로 여기에 있다.

|그림 5| **한국에 제공된 증여의 프로그램별 금액, 1945~1960**

(단위: 백만 달러)

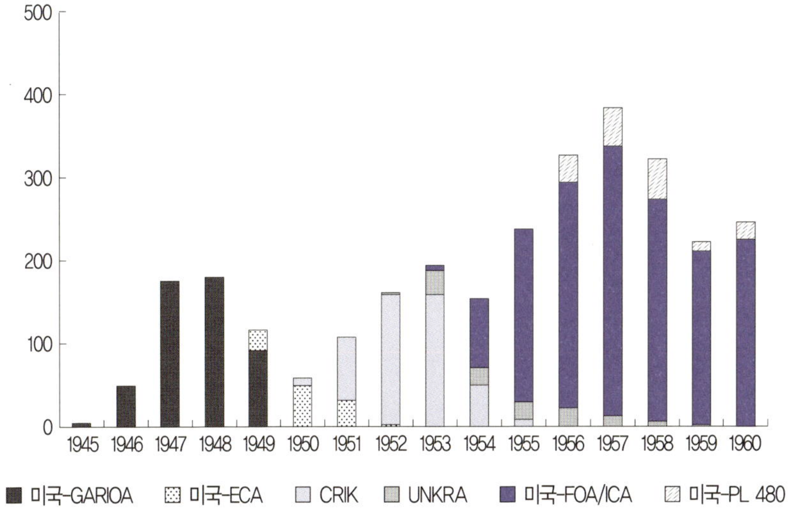

자료: 한국은행, 『경제통계연보』.

'증여의 시대'였던 1950년대의 원조 통계를 좀 더 자세히 공여자 또는 공여 프로그램별로 알아보자. 한국은행은 1980년대 초까지 '외국원조수입총괄표'라는 원조 통계를 만들어 『경제통계연보』에 실었는데, 이때 '원조'는 곧 '증여'를 의미하였다. 그 표의 1960년까지의 수치를 그래프로 옮긴 것이 그림 5이다.

그래프에서 보듯이 미국의 한국에 대한 원조는 1945년 GARIOA(Government and Relief in Occupied Area, 점령지역행정구호계획) 원조와 함께 시작되었다.

GARIOA는 미군이 제2차 세계대전 후 점령한 지역의 안정을 위해 제공한 원조이다. GARIOA는 한국 정부가 수립된 다음 해인 1949년 종료되었지만, 얼마 지나지 않아 1950년에 전쟁이 발발하여 또 다른 구호 원조가 제공되었는데 바로 CRIK(Civilian Relief in Korea, 한국민간구호계획)이다. CRIK은 전쟁으로 온 나라가 피폐해진 상태였던 1951~1953년 동안에 원조의 대부분을 차지하였다.

구호도 원조의 중요한 기능 중 하나이지만 1950년대 한국경제의 전후 복구와 성장을 이해하고자 할 때는 구호가 주목적이 아니었던 원조, 이른바 '경제부흥 원조'에 주목할 필요가 있다. 해방과 분단으로 혼란에 빠진 경제를 부흥하기 위해 1949년부터 ECA 원조가 제공된 바 있지만 곧바로 전쟁에 의한 파괴가 시작되었기 때문에 잊혀진 원조가 되었다.

처음 전후 복구 원조의 역할을 맡은 것은 UNKRA(United Nations Korea Reconstruction Agency, 국제연합한국재건단)였다. UN은 통일 한국의 경제부흥이라는 큰 꿈을 품고 UNKRA를 만들었다. UNKRA는 문경 시멘트 공장 건설, 면방직 설비 도입 등 굵직한 프로젝트를 실행하기도 하였다. 하지만 그림 5에서 보듯이 규모 면에서는 상대적으로 소규모에 그쳤다.

상대적으로 역할이 크지 않았음에도 UNKRA 원조만의 특징으로서 눈길을 끄는 것 중 하나로 『네이산 보고서』라고 하는 최초의 한국경제 부흥 계획서의 작성이 있다. 이에 대해서 이 장의 제1절에서 다룰 것이다.

그림 5에서 보듯이 1950년대 중후반에 실제로 전후 복구 원조의 역할을 맡은 것은 미국의 해외원조기구였던 FOA와 ICA였다. 1957년에는 한 해에 3억 달러가 넘는 원조가 제공되기도 하였다. 미국이 이처럼 막대한 규모의 원조를 한국에 제공하였던 것은 물론 한국이 냉전의 최전선에 위치하였기 때문이다. 예를 들어, 한국에 FOA/ICA 원조를 제공하기 전 한국경제 현황과 필요 원조 금액을 조사한 1953년의 이른바 『타스카 보고서』•는 공산 세력에 맞서기 위해 한국에 일정한 규모의 군대를 유지하려면 한국경제가 얼마나 강해져야 하는지를 분석하였다. 물론 궁극적으로 안보가 중요한 목표였다고 하더라도 원조의 직접적인 목적은 경제적 후생 증진이었기 때문에 FOA/ICA 원조는 군사원조가 아니라 경제원조였다.

FOA/ICA 원조는 한국경제에 큰 영향을 끼쳤기

타스카 보고서: 1953년 미국 아이젠하워 대통령이 임명한 특사 헨리 J. 타스카 박사의 사절단이 한국을 방문한 후 작성한 보고서. 정식 명칭은 '한국경제 강화 방안'(Strengthening the Korean Economy)이지만 흔히 타스카 보고서로 불린다. 한국경제를 뒷받침하기 위해 제공해야 할 원조의 규모, 여러 원조 프로그램들의 조정을 위한 방안 등을 담고 있다.

때문에 원조의 구성, 배분 방식 등에 대해 제2절에서 좀 더 자세히 알아보도록 하겠다. 잉여 농산물이라고 하는 특정한 품목을 제공하였던 PL(Public Law) 480 원조에 대해서는 따로 제4장에서 다룰 것이다.

UNKRA 원조와 『네이산 보고서』

UNKRA는 1950년 12월 1일 UN 총회 결의에 기반해 설립되었다. 이 결의는 UN이 임명하는 단장 지도하에 UNKRA를 설치하도록 하였으며, UNKRA 단장의 임무는 '총회가 수시로 결정하게 될 한국의 구호 및 재건 계획을 시행'하는 것이었다. 결의에 포함된 '한국 구호와 부흥에 관한 일반적 정책 성명'은 'UN의 한국 구호와 부흥계획은 한국에 평화를 회복하고, 통일되고 독립된 민주정부를 수립하는 데 필요하다'라고 되어 있어 UNKRA가 통일을 전제로 하고 설립되었음을 알 수 있다.

그런데 한국전쟁의 전황은 10월 이후 크게 바뀌어, 중국 인민지원군의 참전으로 UN군과 한국군이 후퇴하고 전쟁이 언제 끝날지 불확실한 상황이 되었다. UNKRA의 임무 중에는 재건뿐만 아니라 전쟁으로 피폐화된 환경하에서 한국 국민들의 생존에 필요한 물자를 제공하는 구호도 포함되어 있었지만, 당시 구호 원조는 전시 상황하에서 UN군 사령부가 시행하고 있었기 때문에 같은 UN 기관끼리 중복 문제가 발생하였다.

1951년 2월 초대 UNKRA 단장으로 케인스 경제학의 유효수요 창출을 중시하는 이른바 뉴딜러 중 한 사람인 도널드 킹슬리가 임명되었다. 새 단장이 가장 먼저 할 일은 UNKRA와 UN군 사령부 사이의 원조 임무 중복 문제를 해결하는 것이었다. 결국 그해 7월 양측의 합의로 임무 분담이 이루어졌다.

합의에 따르면, 전쟁이 종료될 때까지 구호 임무를 UN군 사령부에서 전담하고, UNKRA는 기술 원조와 장기 계획 수립에만 힘쓰도록 하였다. 그리고 전쟁이 종료된 후에는 UN의 모든 구호와 재건 활동을 UNKRA가 담당하고 UN군 사령부는 구매나 운송 등에서만 지원할 수 있도록 하였다. 전쟁 종료 시점이 불투명한 상황이었기 때문에 UNKRA는 사실상 할 수 있는 일이 많지 않았다. 실제로 1952년까지 한국에 제공된 UNKRA 원조는 200만 달러에 불과해 그래프에서 흔적을 찾기 어려울 정도이다(그림 5).

1952년 중반 들어 전선이 고착화되어 후방 지역은 일상을 회복하는 한편, 휴전협정이 장기화되어 더 이상 재건을 미룰 수 없는 상황이 되었다. 그러자 UNKRA도 임무 수행에 힘을 내기 시작하였다. 재건계획 수립을 위해 1952년 8월 네이산협회라는 민간 회사와 용역 계약을 체결하기도 하였다.

그런데 UNKRA가 본격적인 활동을 위한 기지개를 켜고 있을 때, 미국 정국은 변화의 바람을 맞았다. 1932년 루스벨트 대통령 당선과 함께 시작된 민주당 정부가 1952년 11월 4일 공화당 후보 아이젠하워의 당선으로 막을 내린 것이다.

아이젠하워는 선거 운동 기간에 트루먼 정부의 대규모 원조 프로그램이나 개입적인 외교 정책을 비판하며 "전쟁이 일어난다면 그것은 아시안들끼리 하도록 내버려 두고 우리는 자유 진영을 지지하기만 하면 된다"라고 말하였다. 그는 대통령이 된 후에는 다시 한국 방어를 강조하였지만, 한국에 대한 원조의 방식은 UN을 통한 원조보다는 미국의 직접 원조를 선호하였다. 아이젠하워 정부는 1953년 5월 뉴딜러인 킹슬리를 대신해 퇴역 장성인 존 B. 콜터를 단장으로 임명하였는데, 이것은 전쟁 종료 후 UN 주도의 한국 재건을 담당한다는 UNKRA의 원래 임무에는 걸맞지 않은 것이었다.

결국 미국 정부의 소극적 태도하에서 애초에 각국으로부터 2억 5,000만 달러를 모금하겠다는 계획을 세운 UNKRA는 1억 4,000만 달러를 모금하는 데 그쳤다. UN 총회 결의로 설립한 기구였기에 여러 선진국들이 출자에 동참하기는 하였지만 사실상 미국 외에는 자금력이 부족한 상황에서 미국의 9,000만 달러 출자는 충분하지 못하였다. UNKRA는 계획된 대로 모금이 되지 않아 자금 부족으로 더 이상 사업을 진행할 수 없게 되자 1958년 활동을 종료하였다.

한국은행 『경제통계연보』에 따르면 1951년부터 1960년까지 제공된 UNKRA 원조의 합은 약 1억 2,000만 달러였다. 전체 원조 중 비율을 보면 1953년이 15.2%로 가장 높았으며, 이후 FOA/ICA 원조가 늘어남에 따라 비율이 빠르게 하락하였다. 통일 한국의 재건을 꾀한다는 큰 목표를 가지고 출발하였지만, 환경 변화 속에서 그 역할이 크게 축소된 것을 확인할 수 있다.

『경제통계연보』는 1959년까지 도입된 UNKRA 원조를 범주별로도 집계하였는데, 민수물자 도입이

29.7%로 가장 많았고, 공업이 22.1%로 그다음을 차지하였다. 이 둘을 합치면 절반이 넘는다. 그다음은 광업 10.5%, 교육 7.9%의 순이었다.

범주별 내역을 UN 회계감사단의 보고서(UNKRA 1960)를 통해 좀 더 자세히 보면, 민수물자 중에서는 식량과 비료가 절반 이상을 이루었다. 민수물자 도입이 가장 활발하였던 해가 1953년이었던 것을 생각하면 당시의 식량난 또는 식량 가격 상승을 막는 데 UNKRA 원조가 활용되었던 것을 알 수 있다.

민수물자 다음으로 도입액이 많았던 공업의 경우 17개 하위 프로젝트로 구성되었는데, 주로 공장 건설 프로젝트이거나 공장에 기계를 공급하는 프로젝트였다. 가장 도입액이 많았던 것은 문경 시멘트 공장• 건설 프로젝트였다. 약 900만 달러가 도입되어 공업 범주 총액의 33.2%에 달하였다. 다음으로 많았던 것은 약 700만 달러가 도입되었던 면방직 설비였다. 한국전쟁 후 면방직 공업을 연구한 논문들을 보면 파괴된 공장을 UNKRA 자금으로 복구하였다는 이야기가 나오는데 바로 이 부분이다.

서두에서 언급하였듯이 UNKRA 원조는 금액 면에서는 미국의 직접 원조에 비해 소규모였지만 눈에

문경 시멘트 공장: UNKRA 원조 프로젝트 중 하나로서 경북 문경에 건설된 시멘트 공장. 1950년대 원조 자금으로 건설된 최초의 대공장이다. 1955년 11월 공사에 착수해 1957년 9월 연산 20만 톤 규모로 준공되었다. 처음에는 대한양회공업에서 낙찰을 받아 매입해 운영하였는데 1975년 쌍용양회로 합병되었다.

|그림 6| **『네이산 보고서』 표지**

AN ECONOMIC PROGRAMME FOR KOREAN RECONSTRUCTION

PREPARED FOR THE UNITED NATIONS KOREAN RECONSTRCCTION AGENCY

띠는 특징이 있다. 그중 하나가 바로 현대 개발경제학에 근거한 최초의 경제개발계획이었던 『네이산 보고서』이다(그림 6). 이하 조영준 외 역해(2019)에 수록된 저자가 작성한 해제를 토대로 로버트 네이산, 네이산협회, 그리고 『네이산 보고서』를 소개해 보겠다.

『네이산 보고서』는 네이산협회에서 작업한 것인데, 먼저 그 창립자인 로버트 네이산을 이해할 필요가 있다. 네이산은 1989년 인터뷰에서 그와 미국 경제학계가 걸어온 길을 '상아탑을 벗어난 세 걸음'으로 묘사

하였다. 그 첫걸음은 대공황과의 싸움이다. 그는 펜실베이니아 대학 와튼 스쿨 재학 시절 필라델피아의 실업 조사에 참여하였고, 석사 학위 취득 후 상무부에 들어가 국민소득 추계 작업을 맡았다.

두 번째 걸음은 전시 동원이다. 그는 1940년 국방자문위원회에 발을 들였고, 1942년에는 전시생산위원회의 계획위원회 위원장을 맡았다.

세 번째 걸음은 전후 복구와 개발도상국 경제개발이다. 그는 1946년 네이산협회를 창립하였고 그의 협회는 1951년부터 버마 정부의 개발계획 작성에 참여하였다. 네이산은 UNKRA의 초대 단장인 킹슬리와 같이 미국 민주당 정부에서 일하였고 서로 아는 사이였다. 이러한 인연을 바탕으로 네이산협회는 UNKRA의 의뢰로 한국의 전후 부흥계획 작성을 맡게 되었다.

당초에는 1953년 8월 15일 프로젝트를 시작해 1년간 조사를 실시하고, 개시 3개월 후에는 예비 보고서를, 종료 시에는 최종 보고서를 UNKRA에 제출하는 것으로 정해져 있었다. 하지만 UNKRA 자문위원회에서의 논의가 늦어져 8월 1일 계약이 확정되었고, 일정은 1개월 정도씩 늦추어졌다. 9월 말 프로젝트팀이 한국으로 파견되었고, 예비 보고서는 12월 15일자로 제출되었다. 그리고 최종 보고서는 1954년 2월에 제출되어 3월에 출간되었다.

『네이산 보고서』는 그의 국민소득 추계와 전시 동원 경험을 토대로 하고 있다. 1954년 3월 제출된 최종 보고에서는 목표 연도인 1958년도에 경제원조 없이 전쟁 전(1949년도)보다 약간 높은 수준으로 1인당 개인 소비를 회복하는 것을 목표로 매년의 투자계획을 수립하였다. 이를 위해 필요한 경제원조액도 계산하였다.

좀 더 자세히 설명하면, 1949년도에 소비 품목 중 일부가 부족한 수준이었다는 점을 고려해 목표 연도인 1958년도의 1인당 소비액은 1949년도의 70.8달러보다 약간 높은 73.5달러로 설정되었다. 목표 연도인 1958년도의 목표 국내총생산 규모를 계산하기 위해서 나머지 지출 부문, 즉 투자와 정부 지출의 목표 수준도 설정되었다. 투자는 목표 연도의 1회성 자립이 아니라 '진정한 자립'을 위해 필요한 수준으로 책정되었고, 정부 지출은 한국군을 평시 수준인 20만 명으로 줄였을 때를 가정해 책정되었다.

이렇게 계산된 소비, 투자, 지출의 합계인 국내 수요는 목표 연도인 1958년도에 25.1억 달러였다(표 2).

|표 2| **『네이산 보고서』의 재건 목표**

(단위: 백만 달러, 1952년도 가격)

	1949년도(추계)	1958년도(계획)
최종 생산물 수요	1,880	2,510
개인 소비	1,440	1,785
국내 총투자	170	300
정부	270	425
국방	70	150
기타	200	275
자원	1,880	2,510
국민총생산액	1,770	2,510
원조	110	–

자료: 조영준 외 역해(2019)의 표 8.

이 국내 수요가 가용 자원, 즉 생산 더하기 경제원조와 같아야 하는데, 목표 연도에는 경제원조가 0이 되는 것을 상정하였으므로 1958년도에는 국민총생산이 25억 달러가 되어야 하였다. 이를 위해 필요한 5개년 동안의 매년 투자액, 그리고 국내 수요와 국민총생산의 차이를 메우기 위한 매년의 해외 원조액이 그로부터 계산되었다. 요구되는 해외 원조액은 5개년 합계 약 12억 4,000만 달러로, UNKRA 설립 당시 상정하였던 2억 5,000만 달러보다는 훨씬 더 많은 금액이었다.

최종 보고서는 한국 정부가 작성한 계획과 UN 기관의 보고서 등을 바탕으로 네이산 팀이 수정 보완한 경제 각 부문의 재건계획도 담고 있다. 산업별로 매년의 생산, 소비, 투자 계획과 함께 당시 현황을 서술하고 있기 때문에 개별 산업 연구자들도 참고해 볼 만하다. 또한 보고서는 '재건을 위한 정책과 조직'에도 많은 분량을 할애하였다. 정책 통합의 필요성을 강조하였고, 재건사업 중 한국 정부가 당면하게 될 주요 정책 문제들을 다루었다.

『네이산 보고서』는 한국 최초의 근대적 기법에 의한 체계적 장기개발계획이라고 할 수 있다. 물론 재건 목표와 전략이 비현실적이었다는 비판을 받고 있고 실제로 한국 정부가 채택하지 않은 문서상의 계획이었다는 한계가 있다. 하지만 이 보고서는 미국 원조당국과 한국 정부에 적지 않은 영향을 미쳤다.

예를 들어, 1950년대 중후반 미국의 FOA/ICA 원조가 대규모로 제공되는 근거가 되었던 1953년의『타스카 보고서』는 네이산 팀의 도움이 없었다면 단시간에 작성될 수 없었을 것이다. 또 한국 정부나 산업은행의 개발계획 담당자들은『네이산 보고서』를 늘 가까이 두고 참고하였다고 한다.

FOA/ICA 원조: 프로젝트 원조와 비프로젝트 원조

미국과 한국의 회계연도: 1976 회계연도까지 미국의 회계연도는 전년 7월부터 그해 6월까지였다. 한국의 회계연도는 1953 회계연도까지 그해 4월부터 다음 해 3월까지였으나 1954 회계연도는 1954년 4월부터 1955년 6월까지, 1955 회계연도는 1955년 7월부터 1956년 12월까지였고 1957 회계연도부터 1~12월이 되었다.

앞서 언급한 것처럼 경제부흥을 위한 원조가 본격화된 것은 1954년 미국의 해외원조기구인 FOA가 대한원조 사업을 개시하면서부터였다. 당시 미국 회계연도•는 전년 7월에 시작하였기 때문에 1953년 7월부터 원조가 제공되어야 하였지만, 한국과의 협의가 지연되면서 본격적인 원조 제공은 1954년부터 시작되었다. 1955년부터 1960년까지는 매년 2억 달러 이상의 FOA/ICA 원조가 한국에 제공되었으며, 이것은 매년의 전체 원조의 90% 정도에 달하였다. 1957년에는 한 해 동안 3억 2,300만 달러가 제공되기도 하였다.

FOA/ICA 원조는 다시 프로젝트 원조와 비프로젝트 원조로 구성되었다. 프로젝트 원조는 말 그대로 특정한 프로젝트를 수행하기 위해, 필요한 수입품과 자문 서비스 등을 제공하는 것이었다. 프로젝트는 대부분 교통, 교육, 위생 등 사회간접자본으로서의 성격을 가진 것들이었다. 한편, 비프로젝트 원조는 비료, 원면 등과 같이 한국경제에 필요한 수입품들을 제공하는 것이었다.

초기 원조 협상에서 한국 측은 투자 확대를 우선

시해 자본재로서의 성격이 강한 프로젝트 원조 비중을 늘릴 것을 요구하고, 미국 측은 물가 안정을 우선시해 비프로젝트 원조를 주로 할 것을 주장해 갈등이 일기도 하였다. 결국 미국 측 요구대로 비프로젝트 원조가 대부분을 이루는 것으로 결론이 났다.

한국은행의 『경제연감』과 『경제통계연보』에서 프로젝트 원조와 비프로젝트 원조의 금액을 알 수 있는데, 1953년부터 1960년까지 제공된 FOA/ICA 원조를 단순 합산하였을 때 프로젝트 원조가 28%였던 것에 비해 비프로젝트 원조는 72%나 되었다. 매년의 도입 추이를 보면 비프로젝트 원조가 대체로 70% 이상으로 압도적으로 많았다(그림 7). 다만, 1955년의 경우 철도 관련 프로젝트에 많은 자금이 투하되어 프로젝트 원조의 비중이 일시적으로 50%에 달하기도 하였다.

먼저 비프로젝트 원조부터 좀 더 자세히 살펴보도록 하자. 당시 미국 원조 당국은 비프로젝트 원조로 제공된 물품들을 농산물, 연료, 원료 및 반제품, 판매용 투자재라는 네 가지로 크게 분류하였다. 1953년부터 1960년까지 제공된 원조를 단순 합산하였을 때, 이 중 원료 및 반제품이 49%를 차지하였고 농산물이 24%, 판매용 투자재와 연료가 각각 13%를 차지하였다.

|그림 7| 유형별 FOA/ICA 원조 도입 실적, 1953~1960

(단위: 백만 달러)

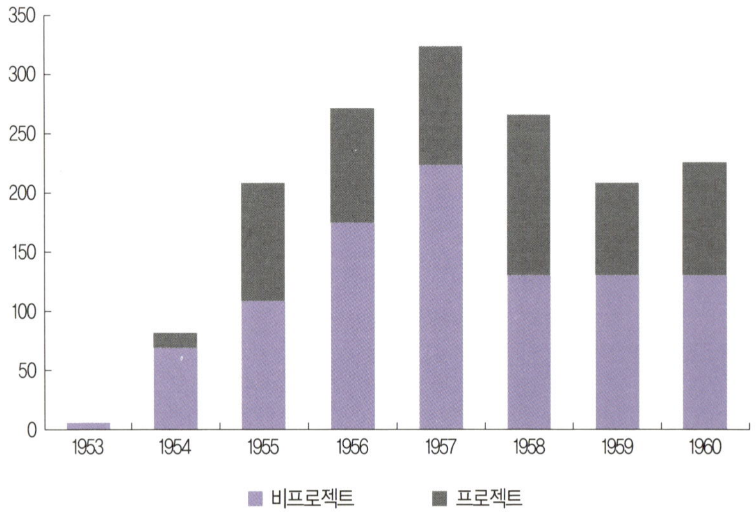

자료: 류상윤(2017)의 그림 1.

원료 및 반제품은 비료, 인견사, 원모, 화학약품, 합성수지, 엔진 등 다양한 산업에 필요한 투입재로 구성되어 있었다. 대부분이 식량이었을 것처럼 보이는 농산물도 사실은 면방직업의 원료인 원면이 절반 이상이었다. 비프로젝트 원조를 당시 소비재 원조라고 부르기도 하였는데 적당한 명칭은 아니었던 셈이다.

비프로젝트 원조가 한국경제와 기업에 어떤 영향을 미쳤는지를 가늠하기 위해서는 배분 방식에 대한 이해가 필요하다. FOA/ICA 원조의 배분 방식은 다섯

|그림 8| **비프로젝트 원조의 배분 방식별 구성비**

(단위: %)

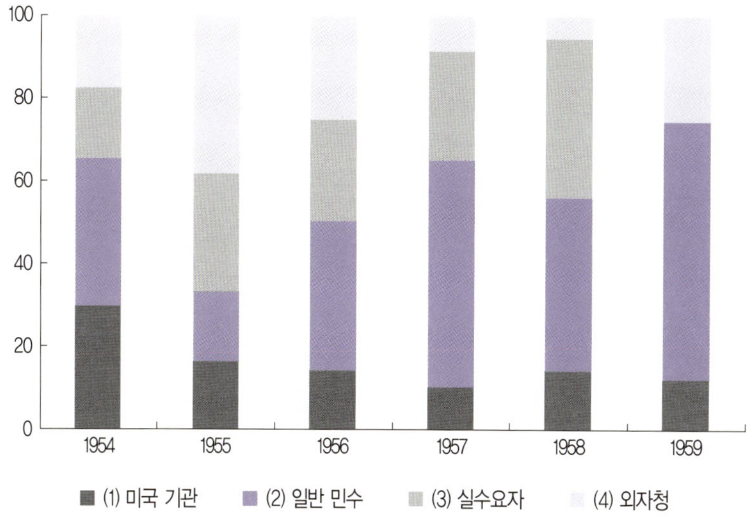

주: 연도는 자금이 승인된 회계연도이며, 구성비는 1960년 6월 말 현재의 값이다.
자료: United States Operations Mission to Korea(1960).

가지였다. 당시 자료에서는 이것을 '구매형식'이라고 하였는데, 다섯 가지는 (1) 미국 기관에 의한 구매, (2) 일반 민수 구매, (3) 실수요자 구매, (4) 대한민국 외자청 구매, (5) 특수구매였다. 이 중 특수구매는 프로젝트 원조에만 적용되었고 비프로젝트 원조에는 적용되지 않았다.

그림 8은 매 회계연도 비프로젝트 원조 자금의 배분 방식별 구성을 계산해 본 것이다. 대체로 (2) 일반

민수 구매의 비율이 가장 높았는데, 1954 회계연도부터 1959 회계연도까지 단순 합산해 보면 44.2%를 차지하였다. 다음으로 (3) 실수요자 구매 22.5%, (4) 외자청 구매 18.6%, (1) 미국 기관에 의한 구매 14.7%의 순이었다.

가장 비율이 높았고 한국 민간 기업에 영향도 컸던 두 가지 방식인 '(2) 일반 민수 구매'와 '(3) 실수요자 구매'에 대해서 좀 더 알아보자. 이 두 방식은 한국은행을 통해 민간 기업이 자금을 배분받는 점에서 똑같았다. (2)와 (3)이 다른 점은 기업을 선택하는 방법이었다. (3) 실수요자 구매는 구매승인(Procurement Authorization: PA)•이 발급될 때 이미 배분받을 기업이 정해졌다. 주로 해당 품목을 가공하는 제조업자나 그들의 협회였다. 면방직업 원료인 원면과 같이 규모가 큰 품목들이 포함되어 있어서 (3)의 비율은 특정한 회계연도(1958년도) 자금에서는 38.4%에 이르기도 하였다.

하지만 실수요자 구매는 경쟁을 거치지 않은 채로 시장환율보다 낮은 공정환율•로 대기업에 원조 자금이 배분되었기 때문에 특혜라는 비판이 많았다. 미국 정부도 원조 물자 판매를 통해 최대한의 한국 화폐를 회수한다는 목표에 비추어, 실수요자 구매가 부적당

구매승인: 워싱턴의 해외 원조기구에서 특정 원조 물자를 정해진 금액만큼 구매할 수 있도록 승인해 현지 사무소에 내려보낸 것을 말한다. 예를 들어, 산업기계를 100만 달러만큼 구매할 수 있도록 하는 것이다. PA 안에는 배분 방식 등 조건들도 포함되었다. 이 PA를 단위로 하여 원조 자금 배분이 이루어졌으며, 흔히 네 자리의 PA 번호가 특정 PA를 가리키는 데 사용되었다.

공정환율: 정부가 공식적으로 정한 환율. 1950년대 한국 정부가 정한 환율은 고정환율제였지만 민간의 외환 거래나 원조 자금 배분에서는 그것과는 별도로 변동하는 환율도 사용되었다. 이 때문에 1950년대 환율제도를 복수환율제도라고 부르기도 한다. 공정환율은 한미간 협의를 통해 여러 차례 변경되었는데, 1955년 8월 정해진 1달러당 500환(현 50원)은 1960년 2월까지 비교적 오랫동안 유지되었다.

하다고 판단해 그 폐지를 주장하였다. 결국 1959 회계연도 자금부터는 실수요자 구매는 사라졌고 원면 같은 품목들도 일반 민수 구매 방식으로 배분되게 되었다.

미리 배분 기업이 정해져 있던 실수요자 구매에 비해 (2) 일반 민수 구매에서는 한국은행에서 실시한 입찰이나 추첨 절차를 거쳐 배분 기업이 나중에 정해졌다. 입찰이나 추첨에 참여하는 자격이 해당 품목을 원료나 중간재로 사용하는 제조업자에만 한정되어 있지 않았기 때문에 무역업체들도 다수 참여하였다.

일반 민수 구매에 해당하는 원조 자금의 구체적인 배분 방식은 한국 정부의 외환, 재정 정책과 미국 원조 당국과의 협의에 따라 여러 차례 바뀌었다(표 3). 1954년 3월 최초로 일반 민수 구매 자금 배분이 시작되었을 때는 일종의 환율 입찰 방법이 시행되었다. 즉, 원조 자금 1달러당 환율을 가장 높게 쓴 입찰자에게 자금이 배분되었다.

1955년 8월, 1달러당 500환의 이른바 '단일환율'이 도입된 후로는 환율 정책 차원에서 일반 민수 구매에도 1달러당 500환의 공정환율이 적용되었다. 그러자 시장환율보다 낮은 공정환율로 자금을 배분받고

|표 3| 1950년대 일반 민수 구매 원조 자금의 구체적인 배분 방식의 변화

시기	배분 방식
1954년 3월~	최고 입찰 환율부터 순차적으로 낙찰
1955년 10월~	선착순. 첫날 경합 시 추첨
1956년 2월~	적립금 순으로 배정. 경합 시 추첨
1957년 5월~	고율의 국채 매입 신청자부터 순차적으로 배정
1958년 10월~	고율의 외환특별세 입찰자부터 순차적으로 낙찰

자 인기 품목에는 신청자들이 몰려 경쟁이 붙었다. 한국 정부는 처음에는 선착순과 추첨 방식을 함께 사용하였다. 예를 들어 사흘에 걸쳐 신청을 하도록 하였는데, 첫날 신청액이 배정액보다 적으면 다음날부터는 선착순으로 배정하였다. 그런데 만약에 첫날 신청자가 몰려 배정액보다 신청액이 많았다면 첫날 신청자 중에서 추첨을 하였다.

선착순과 추첨 방식하에서 마치 복권처럼 일단 추첨에 참여하고 보자는 사람들이 늘어나자 한국 정부는 방식을 조금 바꾸게 된다. 원조 자금 신청자는 신청액의 일부를 한국 화폐로 적립해야 하였는데 일종의 입찰 보증금 같은 것이었다. 추첨 방식으로 바뀐 후 신청자들이 몰리자 한국 정부는 1956년 2월부터 적립금을 많이 낸 순서로 배정하고 그래도 신청액이 배정액보다 많으면 추첨을 하는 것으로 하였다.

예를 들어, 인기 품목을 배분받으려면 신청할 때부터 1달러당 500환에 맞추어 판매대금을 모두 적립해야 하였다.

한국 정부가 방식을 변경한 것은 신청자를 줄이면서 동시에 나중에 원조 물자 판매대금도 안정적으로 회수할 수 있도록 하기 위해서였다. 그럼에도 시장환율과 공정환율의 괴리가 커짐에 따라 특히 인기 품목의 경우 경쟁이 수그러들지 않았다.

한편, 1957년 들어 강력한 재정금융안정계획이 실시되는 상황에서 한국 정부는 세입 확충을 위해 원조자금을 배분받은 기업에게 국채 매입을 강요하기 시작하였다. 1957년 2월 재무부는 인기 품목에 한하여 1달러당 100환의 국채를 소화하도록 하였는데, 당시 국채가 발행가격의 15~20% 정도 가격으로 거래되고 있었으므로 기업 입장에서는 1달러당 80~85환의 추가 비용이 발생하였다고 할 수 있다. 이후 1957년 5월 한미 간의 합의로 '국채 첨가제'라는 일종의 입찰 방식이 도입되었다. 원조 자금 1달러당 국채를 많이 사기로 한 기업에 자금을 배분하는 것으로 사실상 우회적인 환율 입찰이었다.

일반 민수 구매의 구체적인 배분 방식은 1958년에

다시 바뀌었다. 그해 8월에 「임시외환특별세법」이 제정되었고 곧이어 국채 첨가제가 '외환세 부가제'로 변경되었다. 이것은 국채를 많이 사기로 한 기업이 아니라 외환세를 많이 내기로 한 기업에게 자금이 배분되는 입찰 방식이었다. 이로써 일반 민수 구매 낙찰을 받은 기업에게 사실상의 환율은 500환 더하기 외환세가 되었다. 외환세 부가제는 1961년 「임시외환특별세법」이 폐지되기 전까지 계속되었다.

지금까지 정리한 것은 원조 자금을 배분받을 기업이 정해지는 방식인데, 이것을 포함하여 '(2) 일반 민수 구매' 원조 자금이 배분되는 과정을 도식화해 본 것이 그림 9이다. 그림의 숫자는 순서이다. ① FOA/ICA의 워싱턴 본부에서 구매승인을 하면 ② 한국은행에서 입찰이나 추첨을 진행한다. 선정된 기업은 ③ 수출업자에게 오퍼를 받아 ④ 한국은행에 일종의 수입허가인 부구매승인(sub-authorization)을 신청한다. 한국은행은 일정한 심사를 거쳐 부구매승인을 발급한 후 ⑤ FOA/ICA의 자금을 관리하는 미국 은행에 신용장 개설을 요청하고 ⑥ 그것을 확인한 해외 수출업자가 한국으로 상품을 보낸다. 상품을 받으면 ⑦ 한국의 수입업자는 한국은행에 한국 화폐로 납입하고

|그림 9| **일반 민수 구매 원조 자금의 배분 과정**

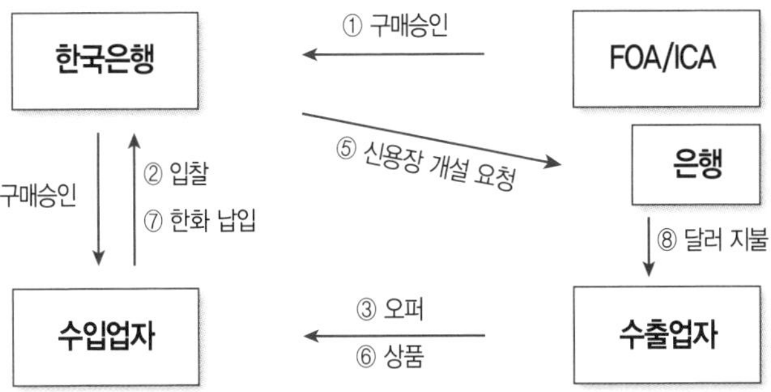

⑧ 해외 수출업자는 미국 은행으로부터 달러를 받게 된다. 이때 수입업자가 한국은행에 납입한 한국 화폐가 '대충자금'(counterpart fund)•을 이루게 된다.

1950년대 원조 하면 흔히 면방직업, 제분업, 제당업을 가리키는 삼백산업이 잘 알려져 있다. 그런데 기업 레벨의 원조 자금 배분 자료들을 검토해 보면 그 밖에도 다양한 업종의 많은 기업들이 원조 자금을 배분받았음을 알 수 있다(류상윤 2017, 2019). 이들 기업들은 대체로 시장환율보다 상당히 유리한 환율로 수입권을 얻을 수 있었다. 따라서 이 배분이 공정하게 이루어졌는지를 검토하는 것이 매우 중요하다. 지금까지는 면방직업체에 대한 원면 배분 등 실수요자 구매

대충자금: 한국 정부가 미국으로부터 원조를 받은 만큼에 대해 정해진 비율로 특별회계에 적립되었던 한국 통화. 민간에 원조 물자를 판매하였을 경우는 그 대금이 대충자금으로 들어갔다. 대충자금은 미국 정부와 한국 정부의 합의하에 사용할 수 있었으며 국방비로 인한 재정 적자를 메우고 재정투융자를 실시하는 데 사용되었다.

원조 자금의 배분에 초점을 맞추어 정경유착이나 특혜를 지적한 연구들이 많았다. 하지만 상대적으로 특혜가 개입되기 어려운 추첨이나 입찰 방식으로 배분되었던 일반 민수 구매 방식이 실수요자 구매 방식보다 금액 면에서 더 많았던 점을 고려할 때 재검토의 여지는 충분히 있다고 할 수 있을 것이다.

다음으로 프로젝트 원조에 대해 간략히 살펴보자. FOA/ICA의 프로젝트 원조는 비프로젝트 원조보다는 소액이었지만 1950년대 중반에는 매년 9,000만 달러, 1950년대 후반에는 매년 5,000만 달러 정도에 이르는 상당한 금액이 제공되었다. 분야별로 나누어 보면 교통 분야가 가장 많았고, 광공업 분야가 그다음으로 많았다. 이 밖에도 사회후생 및 주택, 농업 및 자연자원, 보건위생, 교육 등의 분야에서 프로젝트 원조가 제공되었다.

교통 분야 원조는 1950년대 중반에 집중되었는데, 한국전쟁 후 철도 교통 복구를 위한 것이었다. 광공업 분야 원조는 비료공장 건설과 중소기업 공장 건설 지원을 위한 것이 대부분이었는데, 1950년대 후반에는 이 분야 원조가 프로젝트 원조의 가장 큰 부분을 차지하게 되었다.

프로젝트 원조는 비프로젝트 원조와 달리 배분 절차가 간단하지 않았다. 중소기업 공장 건설 지원을 예로 들어 보겠다(박광명 2020). 한국 내 물자 부족을 해소하기 위해서는 중소 제조업의 복구도 반드시 필요하였다. 미국 원조 당국은 1954 회계연도부터 1958 회계연도까지 프로젝트 원조로서 이를 지원하였고 많은 한국 중소기업들이 이 자금을 받으려고 신청서를 제출하였다.

1960년대 초 현황을 보면 지원을 받았거나 받고 있는 기업은 모두 244개였다. 1957 회계연도 자금은 90개 기업이 지원을 받았고, 1955 회계연도와 1958 회계연도에도 60개가 넘는 기업이 지원을 받았다.

중소기업 자금의 수혜 기업 선정은 상당히 복잡한 절차를 거쳐 이루어졌다. 1957 회계연도 중기업 자금을 예로 들어 보면, 첫 시작은 자금을 받고자 하는 기업들의 신청이었다. 1956년 10월에 부흥부에 접수된 신청은 518건이었는데, 자금 합계는 1억 3,000만 달러로 가용 자금의 10배가 넘었다.

이를 토대로 한국 정부가 대상 업종을 제안하였고 합동경제위원회(Combined Economic Board: CEB, 이하 합경위)•의 기획분위, 재정분위, 본회의의 검토와 협의

합동경제위원회: 한국 정부의 경제 정책을 미국 원조 당국과 한국 정부가 논의하고 결정하기 위해 1952년 5월 '대한민국과 통일사령부 간의 경제조정에 관한 협정'에 의해 만들어진 기구.

를 거쳐 1957년 2월 22개 업종이 선정되었다. 이후 기획분위와 본회의에서 수혜 기업에 대한 검토와 협의가 진행되었고, 1957년 4월 9개 기업을 시작으로 순차적으로 수혜 기업이 선정되었다.

기업이 선정되고 나면 다시 합경위와 해당 기업이 ICA의 워싱턴 본부에 보낼 구체적인 공장 건설 계획서를 작성해야 하였는데, 여기에 상당한 기간이 소요되었다. 최초의 계획서가 합경위 본회의에서 승인된 것이 1957년 11월이었고, 1958년 초에도 아직 계획서가 작성 완료되지 않은 서브 프로젝트가 많이 있었다.

이처럼 복잡한 절차를 거쳤던 것은 1956 회계연도까지의 기업 선정 절차가 충실하지 못하였다는 판단에서 비롯된 것이었는데, 이제는 거꾸로 너무 오랜 기간이 걸리는 것이 문제가 되기도 하였다. 중소기업 자금을 받은 기업들이 제대로 가동을 하지 못해 1960년대 초에도 부실기업 문제가 대두될 정도였다.

FOA/ICA 프로젝트 원조는 한국 정부가 선호하는 원조였으며, 그 이유 중 하나는 공장 건설이었다. 그런데 중소기업 공장 건설 프로젝트의 경우 그 결과는 그다지 성공적이지 못하였던 것이다. 그 원인은 무엇이었을지, 나아가 한국 정부가 당초 원하였던 대로 프로젝트 원조가 FOA/ICA 원조의 중심이 되었다면 원조의 성과가 어떠하였을지 등은 원조 연구자가 관심을 가져볼 만한 흥미로운 주제이다.

3

양허성 차관으로의 전환: 1960년대 이후 선진국과 국제기구의 경제원조

차관 도입을 위한 한국 정부의 노력

양허성 차관 도입 실적

차관 도입을 위한 한국 정부의 노력

ODA 차관, 즉 양허성 차관이란 공적 기구 간에 개발을 목표로 제공된 차관이면서 '양허성', 즉 시장의 일반적인 차관보다 차입자에게 유리함이 있는 것을 가리킨다. 이 양허성의 국제 통용 기준은 제1장 제2절에서 다루었듯이 OECD의 DAC가 정해 왔다.

1970년대 이후 2017년까지 오랫동안 적용되던 양허성 기준은 차관의 조건이 '할인율 10% 적용 시, 증여율 25% 이상'이 되는가였다. 증여율이란 차관 금액에서 이자 및 원금 상환액의 현재 가치를 뺀 값이 차관 금액 대비 얼마나 되는가를 계산한 것이다. 할인율 10%는 현재 가치를 계산할 때 사용된다.

증여율은 이자율, 만기, 거치기간에 따라 달라진다. 이자율은 당연히 할인율인 10%보다 낮아야 하며, 낮을수록 증여율이 높아진다. 같은 이자율이면 만기가 길수록 차입자에게 유리하다. 예를 들어, 이자율이 똑같이 5%여도 만기가 5년, 10년, 20년으로 늘어남에 따라 증여율도 12%, 19%, 29%로 늘어난다.

마찬가지로 원금을 상환하지 않아도 되는 거치기간이 길수록 차입자에게 유리하다. 이자율이 5%이고 원금을 상환해야 하는 기간은 10년으로 똑같을 때, 바로 다음 해부터 원금을 상환해야 하면 증여율이 19%이지만 거치기간 5년 이후에 상환해도 되면 증여율이 31%가 되어 거치기간 없이 만기만 20년으로 늘어난 것보다 더 혜택이 된다.

이러한 양허성 차관 계약을 한국 정부가 처음으로 맺은 것은 1959년 4월이었다. 미국 개발차관기금으로부터 350만 달러의 통신시설 확충 차관을 도입하기로 한 것이다. ODA 중 증여가 해방 후 미군의 진주와 함께 곧바로 시작되었고, 가장 많은 금액이 한국에 제공되었던 해가 1957년이었던 것을 고려하면 상당히 늦은 시점이었다고 할 수 있다. 국제적으로 양허성 차관 형태의 원조가 증여보다 더 늦게 본격화되었기 때문이기도 하였지만, 1950년대 한국 정부의 상환 능력이 불분명하였기 때문이기도 하였다.

첫 양허성 차관 계약까지는 1년 6개월 정도의 긴 시간이 걸렸다. 1957년 미국 정부는 증여 형태의 원조는 줄이고 차관 형태의 원조를 도입하기 위해 개발차관기금(Development Loan Fund: DLF)이라는 기구를 신설하였다. 한국 정부는 무상 원조가 줄어든 부분을 메우기 위해 적극적으로 DLF 차관 확보에 뛰어들었다.

DLF는 ICA와 별개의 기구였으며 ICA 원조처럼 국가 단위로 프로그램이 정해지지 않았다. 따라서 합동경제위원회나 미국 측 경제조정관실(Office of Economic Coordinator: OEC)•이라는 루트를 반드시 거칠 필요 없이 DLF에 개별 신청이 가능하였지만, 한국 정부는 민간의 차관 신청을 통제하기 위해 ICA 원조와 유사한 절차를 따르고자 하였다. 그래서 1957년 10월 미국 측 경제조정관실에 협의를 요청하였고, 합경위 기획분위 워크 그룹의 논의를 거쳐 12월에는 9개 프로젝트를 신청하기로 합경위에서 합의를 하게 된다.

경제조정관실: 미국 해외원조기구의 한국 사무소. 경제조정관이라는 이름이 붙은 이유는 한국전쟁을 거치면서 미군, UN 등도 한국에 원조를 제공함에 따라 이들과의 조정을 하는 역할이 한국 사무소 대표에게 부여되었기 때문이다.

사실 이러한 한국 정부의 노력이 의미가 있었다고도 볼 수 있는 것이, DLF가 개별 차관 신청 건을 심사할 때 워싱턴의 ICA 본부를 통해 각국의 ICA 현장 사무소들의 의견이라든지 정보를 요청하였기 때문이다. 한국 정부와 미국 측 경제조정관실의 공동 노력은 마침내 1958년 10월 한국 체신부에 대한 통신시설 확충 프로젝트 등 2개 차관의 DLF 승인, 그리고 1959년 4월 첫 계약 체결이라는 결실을 얻게 된다.

이처럼 차관 도입을 위한 한국 정부의 노력은 1950년대 말부터 계속되었지만, 법제도가 정비된 것은 박정희 정부 들어서였다. 이 법제도들이 도입을 촉진하고자 한 대상이 반드시 양허성 차관에 한정된 것은 아니었지만, 전반적인 제도 정비라는 측면에서 그 과정을 간략히 살펴보도록 하겠다.

박정희 정부는 1962년부터 시작하는 제1차 경제개발 5개년 계획의 성공적인 추진을 위해 1961년 10월 5개년 계획의 주요 사업을 위한 차관 도입은 정부가 지불보증을 해주겠다는 방침을 발표한다. 그리고 다음 해 7월 「차관에 대한 지불보증에 관한 법률」을 제정하였다.

그런데 이 법에는 민간 기업이 해외 공공기관의 차관, 즉 공공차관을 획득하였을 때는 저절로 지불보증이 승인된 것으로 본다는 조항이 있었다. 공공차관은 해외 민간 기업의 차관, 즉 상업차관에 비해 이자율이 낮다든지 만기가 길다든지 유리하였기 때문이다.

청구권 자금: 샌프란시스코 조약에 기초하여 1965년 6월 체결된 '대한민국과 일본국 간의 재산 및 청구권에 관한 문제의 해결과 경제협력에 관한 협정'(청구권 협정)에 의해 일본으로부터 지급된 자금. 무상 공여 3억 달러, 유상 2억 달러(장기저리 정부차관)로 구성되었다. 청구권 자금은 포항종합제철 건설 등에 사용되었다.

한국 정부가 이처럼 지불보증을 통해 차관 도입을 촉진하고자 하였지만, 아직 한국 정부나 기업의 상환 능력이 충분히 검증되지 못하였기 때문에 법 제정 이후에도 도입 실적은 미진하였다. 차관 도입이 활성화된 것은 1966년 한일 국교 정상화로 청구권 자금• 중 유상 자금이 도입되고 한일 민간 기업 간의 교류가 확대되면서부터였다.

차관 도입이 활성화되는 한편 기존 도입 차관의 상환 문제가 자꾸 발생하자 한국 정부는 차관 도입 정책의 기조를 촉진에서 심의 강화로 바꾸었다. 기존의 외자 도입 관련 법들을 통합하여 1966년 제정된 외자도입법에서는 외자도입촉진위원회를 외자도입심의위원회로 명칭을 바꾸어 심의 기능을 강화하였다. 그리고 1967년 11월의 '외자도입 합리화를 위한 종합시책'은 연간 차관 도입 규모를 제한하고 차관 신청인의 의무를 강화하였다.

이후 정책 변화 중 ODA 차관이 속하는 공공차관과 관련하여 주요한 것으로는 1973년에 제정된 「공공차관의 도입 및 관리에 관한 법률」을 들 수 있다. 이 법은 공공성이 강한 사업에 한해서 공공차관을 도입할 수 있도록 하였다. 또한 이 법의 1975년 시행령은 법인 중에서는 공개 법인만 공공차관 도입이 가능하도록 하였다.

양허성 차관 도입 실적

제2장 서두의 그림 3으로 다시 돌아가 보자. 1950년대는 원조의 100%가 증여이었다가 1960년대 들어

증여는 줄고 양허성 차관이 늘기 시작해 1970년대에는 양허성 차관이 대부분을 이루었다. 그리고 1980년대 이후에는 대체로 차관 도입액보다 상환액이 더 커져서 양허성 차관이 원조로서 가지는 의미는 사실상 없어졌다.

제1장 제2절에서 설명하였듯이 ODA에 포함되는 양허성 차관의 범위는 1969년에야 처음으로 규정되었으며, 이 정의에 따라 통계를 집계한 것은 원조의 공여국이었지 수혜국이 아니었다. 따라서 한국 정부가 그러한 정의에 기초해 한국에 제공된 차관 통계를 집계한 적은 없다.

그 대신에 한국 정부는 양허성 차관을 포괄하는 '공공차관' 통계를 작성하였다. 공공차관 통계는 1960년대부터 존재하였지만 일관된 통계가 작성되지 못해 1980년대 이후 통계 정비 작업이 진행되었다. 1986년 경제기획원, 재무부, 한국은행이 힘을 모아 『외채백서』를 간행하였고, 1988년에는 재무부가 『공공차관현황』을 발간하였다. 『공공차관현황』에는 개별 공공차관에 대한 간략한 정보가 담겨 있는 것이 특징이다. 통계 정비 작업은 이후에도 계속되었는데, 1993년 재무부와 한국산업은행이 간행한 『한국외자도입 30년사』에서 일단락되었다고 할 수 있다.

공공차관이 아니면 ODA 차관, 즉 양허성 차관이 될 수 없지만, 공공차관이라고 해서 모두 양허성 차관인 것은 아니다. 바로 양허성, 즉 할인율 10%를 적용하였을 때 증여율 25% 이상이라는 특성이 있어야 양허성 차관이 되기 때문이다. 그런데 OECD의 양허성 차관 통계와 한국 정부의 공공차관 통계를 비교해 보면 1970년대 초까지는 공공차관이 거의 양허성 차관이었던 것으로 보인다. 그림 10은 두 통계를 비교한 것인데, 1972년까지 유사하다가 1973년부터 1980년대 초까지 점점 차이가 벌어졌다. 즉, 1972년까지는 거의 모든 공공차관이 할인율 10% 적용 시 증여율이 25% 이상인 양허성 차관이었던 것으로 추측할 수 있다.

공공차관에 대해서는 『한국외자도입 30년사』의 설명이 비교적 상세하기 때문에 1970년대 초까지 한국에 제공된 양허성 차관의 내역은 이 책에 기초해 검토하는 것이 더 유용한 것으로 보인다.

『한국외자도입 30년사』는 1962~1965년을 '경제개발 추진과 외자도입체제의 정비' 시기로 구분하고 있다. 1961년까지 공공차관 도입액은 500만 달러에 그쳤지만 1962년부터 1965년까지 4년 동안의 도입액은

|그림 10| **한국에 도입된 공공차관과 양허성 차관**

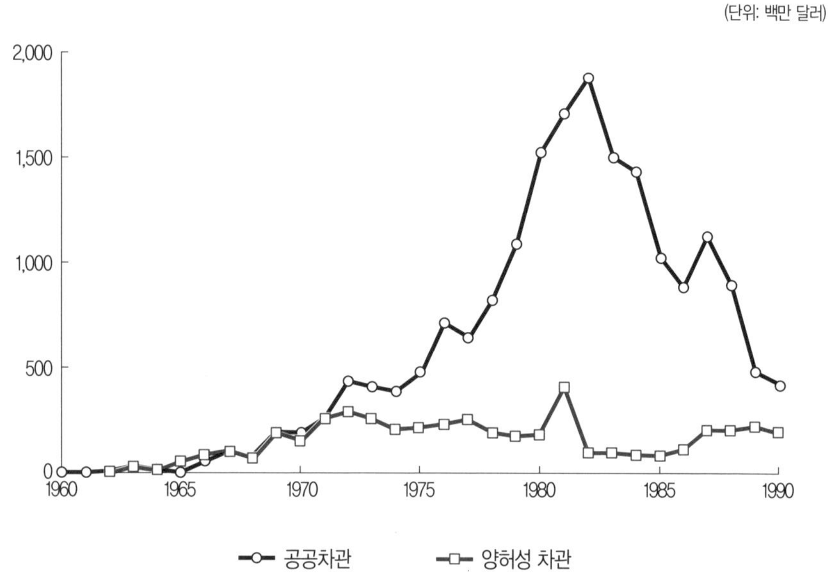

주: 상환액을 빼지 않은 조차관액(gross loan)이다.
자료: 김두얼 · 류상윤(2014)의 그림 3.

6,300만 달러로 늘었다. 미국으로부터 도입한 차관이 3,800만 달러로 60%에 이르기는 하였지만, 세계은행 산하 기구인 국제개발협회(IDA)로부터 도입한 차관 1,400만 달러, 서독으로부터 도입한 차관 1,100만 달러도 있었다. 공공차관 도입액의 증가와 함께 도입처의 다양화도 진행되었던 것이다.

공공차관 도입액을 산업별로 보면 1962년부터 1965년까지의 4년간에 사회간접자본이 5,200만 달러로 전체의 83%를 차지하였다. 나머지는 제조업이 700만 달러로 11%, 광업이 400만 달러로 6%였다. 사회간접자본을 좀 더 나누어 보면 수송이 2,100만 달러, 전력이 1,900만 달러로 가장 많았다. 그다음은 통신이 1,100만 달러였다. 수송, 전력, 통신 등 공공성이 강한 사회간접자본의 확충에 미국, 서독 정부와 세계은행의 원조가 있었던 것이다.

『한국외자도입 30년사』는 다음으로 1966~1972년을 '성장기반 확충과 외자도입의 선별화' 시기로 구분한다. 이 기간 동안 공공차관 도입액은 11억 3,000만 달러로 연평균 약 2억 달러였다. 1962년부터 1965년까지의 4년간 연평균 약 1,600만 달러가 도입되었던 것과 비교하면 크게 늘어난 것이다. 미국으로부터 도입한 차관이 약 6억 9,000만 달러로 61%에 달해 여전히 미국이 중심이었다. 두 번째로 많이 제공한 나라는 일본으로 약 2억 6,000만 달러가 도입되었는데 대부분은 청구권 유상 자금이었다. 청구권 유상 자금은 일본 해외경제협력기금인 OECF의 차관 형태로 제공되었다. 다음으로 세계은행으로부터 약 1억 2,000만 달러가 도입되었고, 아시아개발은행, 서독, 캐나다 등으로부터도 차관이 도입되었다. 도입처의 다양화가 계속해서 진행되었던 것이다.

공공차관 도입액을 산업별로 보면, 이 시기의 가장 큰 특징은 양곡 도입의 비중이 41%에 달하였다는 것이다. 1967년과 1968년에 계속된 가뭄으로 쌀 생산이 10% 이상 감소하는 등 양곡 부족 문제가 발생하였으며, 미공법(Public Law) 480호•에 따른 잉여 농산물 원조가 증여에서 차관으로 바뀌는 과정도 진행되었다. 양곡 차관은 미국 PL 480 차관, 일본 식량청 차관, 미국 AID 차관으로 구성되었다. 그 밖에 농업 기반 육성을 위한 차관도 도입되면서 농림수산업의 비중은 45%로 절반에 가까웠다.

미공법 480호: 잉여 농산물 원조를 제도화하기 위해 1954년 제정된 법. 정식 명칭은 '농업 무역 개발 및 원조법'(Agricultural Trade Development and Assistance Act)이다. 법을 제정한 목표는 미국 농업의 안정, 미국의 잉여 농산물을 외교 정책에 최대한 활용하는 것, 미국 농산물 수출 확대 등이었다.

다음으로 사회간접자본의 비중이 44%였다. 좀 더 구체적으로는 기타 서비스가 1억 8,000만 달러, 수송·저장 부문이 1억 4,000만 달러, 전력이 7,000만 달러, 건설이 6,000만 달러 등이었다. 기타 서비스는 중소기업 육성 및 원자재 구입을 위해 한국산업은행 등에서 국제금융기구의 차관을 도입한 것을 가리킨다.

제조업 비중은 10%였는데, 주로 화학과 금속 업종이 대상이었다. 화학 부문은 제3, 제4 비료공장 건설을 위한 미국 AID 자금이 앞 시기에 이어 계속 도입된 것이었고, 금속 부문은 포항종합제철공장 건설을 위해 일본 OECF로부터 도입하였다.

앞에서 언급하였듯이 1970년대 들어서는 공공차관 통계와 ODA 통계 사이에 차이가 벌어지기 시작하였다. 다시 말해, ODA 기준에 부합하지 않는 공공차관이 많아졌다. 실제로 1987년 재무부가 작성한 『공공차관통계』에서 이자율 분포를 보면 1967년까지는 거의 모든 차관이 고정 이자율로 5% 이하였지만, 1967년부터 1973년까지는 고정 이자율 5% 이하인 차관의 비율이 50~70% 정도였고 이후에는 훨씬 더 낮아졌다. 그만큼 공공차관의 증여율이 평균적으로 점점 낮아졌던 것이다.

그런데 이러한 공공차관의 이자율 추세는 국제금융 시장의 전반적인 이자율 추이와도 연결된 것이었다. 예를 들어, 10년 만기 미국 국채 수익률은 1950년대 중반부터 1980년대 초까지 대체로 상승 추세가 이어졌다. 1967년 5%를 넘었고 1960년 말부터는 등락은 있었지만 7% 안팎이었다. 1970년대 후반에 8%를 넘어 치솟았고 1981년에 14%라는 고점을 찍었다.

즉, 이자율이 높을수록 한국 정부의 상환 부담이 늘어난 것은 분명하지만, 1970년대 중반 이후의 전반적으로 높아진 시장 이자율과 비교하였을 때는 상대적으로 낮았을 수도 있는 것이다. 할인율을 10%로 고정한 것이 이러한 문제점을 낳았다고 할 수 있다. 여기서 ODA 기준에 대해 논쟁하고자 하는 것은 아니지만, 그러한 점이 있다는 것은 알아둘 필요가 있겠다.

『한국외자도입 30년사』는 1973년부터 1978년까지의 6년간을 '산업구조 고도화와 외자도입의 가속화'가 이루어진 시기로 구분하고 있다. 이 시기 공공차관 도입액은 양국 간 차관이 18억 달러, 국제금융기구 차관이 16억 달러였다. 그런데 양허성 차관액을 보면 양국 간 차관이 13억 달러, 국제금융기구 차관이 1억 달러로 양국 간 차관보다 국제금융기구 차관에서 훨씬 큰 차이가 났다. 국제금융기구 차관 중에 ODA의 양허성 기준을 충족하지 못하는 차관이 많았던 것이다.

OECD 통계에서 양허성 차관의 공여자 구성을 보면 일본 41.2%, 미국 40.7%, 서독 8%, 세계은행 7%였다. OECD 통계는 ODA 차관의 산업별 구성에 대해서는 알려 주고 있지 않다. 그래서 18억 달러와 13억 달러라는 금액 차이는 있지만, 『한국외자도입 30년사』에서 이 시기 협약이 체결된 양국 간 차관의 주요 사업을 보는 것으로 대강의 구성을 살펴보고자 한다.

농업 분야에서 1973년에는 일본 정부의 식량청 미

곡 차관, 미국 정부의 잉여 농산물 차관, 그리고 미국 AID의 현미 차관이 체결되었다. 1977년과 1978년에는 일본 OECF의 농업 및 농업용수 개발 차관도 체결되었다.

수송 분야에서는 1975년 미국 수출입은행의 디젤 기관 도입 차관이, 1976년 일본 OECF의 충북선 복선화 차관이 체결되었다. 전력 분야에서는 1976년부터 1978년까지 캐나다, 영국, 미국 정부의 원자력 발전소 건설 차관이 체결되었다. 이 밖에 통신시설 확장을 위한 차관도 여러 나라로부터 도입되었고, 한국주택공사의 주택 건설을 위한 차관도 미국 AID로부터 도입되었다.

4

그 밖의 원조:
잉여 농산물 원조, 기술 원조

미국의 잉여 농산물 원조

기술 원조

제2장과 제3장에서는 한국에 제공된 원조의 굵직한 흐름을 살펴보았다. 한국전쟁 휴전 후 1950년대 중후반에는 막대한 양의 경제부흥 원조가 증여 형태로 미국의 해외원조기구로부터 제공되었다. 1960년대에는 증여의 감소, 양허성 차관의 증가, 공여자의 다변화가 진행되었으며, 1970년대에는 선진국들의 양허성 차관이 ODA의 대부분을 이루게 되었다.

이번 장에서는 이러한 굵직한 흐름에서 약간 벗어나 원조 중에서도 특별한 성격을 가진 원조 두 가지, 즉 잉여 농산물 원조와 기술 원조에 대해 다루어 보고자 한다. 잉여 농산물 원조는 미국 정부가 개발도상국의 경제개발을 지원한다는 목적에 더해 자국 농산물 가격의 안정과 해외시장 개척을 위해 제공한 원조이다. 기술 원조는 일반적인 원조가 유형의 물자인데 비해 무형의 서비스로 이루어진 원조를 가리킨다.

미국의 잉여 농산물 원조

한국은행의 『경제통계연보』는 1945년부터 1983년까지 한국에 제공된 증여가 프로그램별로 매년 얼마였는지 싣고 있다. 이를 모두 단순합산해 보았을 때

가장 금액이 많았던 것은 제2장 제2절에서 다루었던 미국 해외원조기구(FOA/ICA/AID, 이하 AID로 줄임)의 원조로 합계 24억 달러에 달하였다. 그다음으로 금액이 많았던 것이 미공법 480호에 근거한 원조, 흔히 PL 480 원조라고 부르는 잉여 농산물 원조였다. 이는 합계 8억 달러로 미국 해외원조기구 원조의 약 1/3 규모였다.

미국 정부의 잉여 농산물 원조가 제도화된 것은 1954년에 만들어진 미공법 480호에 의해서였다. 그전에도 미국 농산물을 해외에 원조로 제공한 적은 있었지만, 그것은 원조 프로그램의 일부로서 농산물을 제공하는 것이었다. 그에 비해 PL 480 원조는 잉여 농산물로만 구성되어 있었다.

PL 480 원조는 흔히 법 조항에 따라 제1관, 제2관, 제3관으로 구분한다. 당초 제1관은 잉여 농산물을 현지 통화를 받고 판매한 후 그 판매대금을 수원국과 미국 정부가 나누어서 사용하도록 한 것이다. 이 중 수원국 사용분이 ODA 증여에 해당한다고 할 수 있을 것이다. 법은 판매대금의 용처도 규정하였는데, 가장 중요한 것은 미국 농산물의 신시장 개척을 돕는 것, 그리고 공동방위를 위해 필요한 장비와 노

|표 4| **한국에 제공된 잉여 농산물 원조의 구성**

(단위: 백만 달러)

분류	PL 480					AID	계
	제1관		제2관		제3관		
	현지 통화 판매	장기융자	정부 간	민간 구호기구			
금액	750.3	905.7	181.7	127.9	6.2	339.9	2,311.7

주: 1981 미국 회계연도까지의 누계이다.
자료: "Food for Peace: 1981 Annual Report on Public Law 480"의 표 2.

역을 구매하는 것이었다.

이처럼 초기에는 제1관에 증여의 형태만 있었지만, 1966년 법 개정으로 차관 형태가 도입되었다. 즉, 미국 정부가 장기융자를 제공하고 그 자금으로 잉여 농산물을 살 수 있도록 한 것이다. 이후 두 번째 방식이 첫 번째 방식을 대체해 갔다.

한편, 제2관은 인도주의 구호로 잉여 농산물을 정부 간에 직접 증여하거나 민간 구호기구를 통해 증여하도록 한 것이다. 그리고 제3관은 잉여 농산물을 학교 급식 지원이나 전략물자 물물교환에 사용하도록 한 것이다.

표 4는 한국에 제공된 잉여 농산물 원조의 규모와 구성을 미국 농무부의 보고서를 통해 파악한 것이다. PL 480 원조는 누계 19억 7,000만 달러였고, 그중 85%가 제1관이었음을 알 수 있다.

그런데 표에서 보듯이 미국의 잉여 농산물 원조가 미공법 480호에 근거해서만 제공된 것은 아니었다. AID 원조도 그 근거법에 따라 일정 부분을 잉여 농산물에 할당하고 있었다. 예를 들어, 「1953년 상호안전보장법」에서는 1억 달러 이상 2억 5,000만 달러 이하를 미국의 잉여 농산물 구매에 직간접적으로 사용하도록 하였으며, 「1954년 상호안전보장법」은 최소 3억 5,000만 달러를 잉여 농산물 원조에 사용하도록 하였다. 이 중 한국에 제공된 것이 표 4에 제시된 3억 4,000만 달러였다.

한국은행의 『경제통계연보』를 통해서도 잉여 농산물 원조 도입액을 파악할 수 있다. '외국원조수입총괄표'에 실린 PL 480 원조액은 이 표가 증여 형태의 원조만을 집계한 것이기 때문에 표 4로 보면 제1관의 첫 번째 방식, 즉 '현지 통화 판매'(7억 5,000만 달러)만이 포함된 것이다. AID 원조는 『경제통계연보』의 별도의 표에서 품목별 도입액(증여)을 알 수 있는데, 그중 잉여 농산물은 원면, 밀, 보리, 우지와 기타 품목들로 이루어져 있었다.

그림 11은 AID 원조 중 잉여 농산물, 그리고 PL 480 원조의 매년 도입액(증여)을 그린 것이다. 연도별

|그림 11| **프로그램별 잉여 농산물 원조(증여) 도입액**

(단위: 백만 달러)

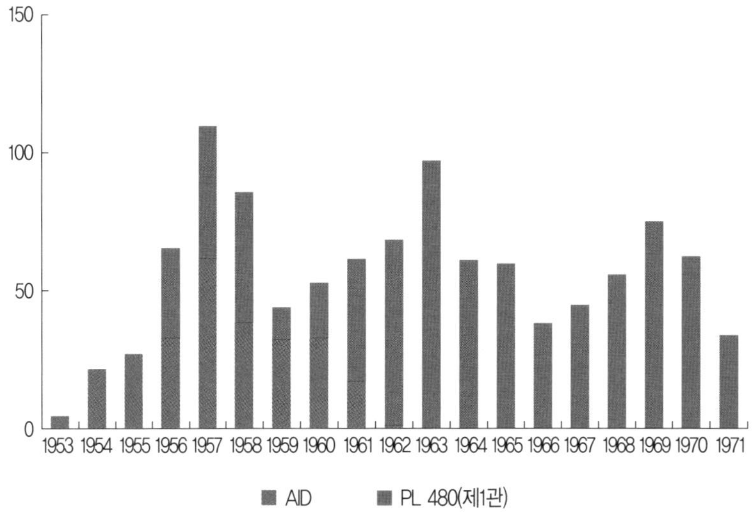

주: AID 원조는 원면, 밀, 보리, 우지의 도입액 합계이다.
자료: 한국은행, 『경제통계연보』.

추이를 보면 AID 잉여 농산물 증여는 1957년 6,400만 달러를 정점으로 증가에서 감소로 전환되었고, 1962년을 마지막으로 종료되었다. PL 480 제1관 증여는 1956년부터 도입되었으며 도입 규모에 몇 차례 등락이 있었는데, 가장 많았던 해는 1963년으로 9억 7,000만 달러에 달하였다.

표 5는 『경제통계연보』에서 잉여 농산물 원조(증여)의 품목 구성을 계산해 본 것이다. 2대 원조 품목은

|표 5| 잉여 농산물 원조(증여)의 품목별 구성

(단위: 백만 달러)

품목	AID	PL 480(제1관)	계
원면	134	331	465
밀	44	345	389
보리	26	49	76
쌀		27	27
기타	11	44	55
계	216	796	1,012

주: 1953년부터 1971년까지의 합계이다. AID 원조의 기타는 우지이다.
자료: 한국은행, 『경제통계연보』.

원면(46%)과 밀(38%)이었음을 알 수 있다. 그런데 AID 원조와 PL 480 원조(제1관)는 그 구성에서 약간 차이가 있었다. AID 원조는 원면 62%, 밀 20%로 원면의 비중이 압도적으로 높았지만, PL 480 원조는 밀 43%, 원면 42%로 밀의 비중이 약간 더 높았다. AID 원조는 경제부흥 원조로서의 성격이 강하였기 때문에 주요 산업인 면방직업의 원료 제공에 좀 더 집중하였던 것으로 보인다.

다음으로 PL 480 제1관 원조의 현지 통화 판매대금의 용처를 보겠다. "1970 Annual Report on Public Law 480"에 따르면, 1970년 6월 말 현재 누계로 보았을 때 전 세계 판매대금의 21%는 미국 정부 소요 자금으로 쓰이고 나머지 79%가 수원국을 위해 사용되었다. 비율이 높은 것부터 보면 47%는 수원국 정부에 대한 대부에 사용되었고, 그다음으로 15%가 경제개발을 위한 증여로, 13%가 공동방위 용도로 사용되었다.

한국에 제공된 원조의 경우 1955년부터 1971년까지 체결한 협정 조문에 따라 비율을 계산해 보면 미국 정부 소요 자금으로 쓰인 비율은 22%로 전 세계 평균과 비슷하였다(Steinberg et al. 1984). 그런데 수원국을 위해 사용되는 자금의 세부 용도는 크게 달랐다. 76%가 공동방위 용도로 사용되고, 나머지 2%만 미국 농산물 시장 개척을 위한 민간 기업 융자에 사용되었다. 냉전의 최전선에 있던 한국의 상황이 반영된 것이지만, 공장 건설 등 경제개발 용도로 사용되지 않고 대부분 군사 용도로 사용되었다는 것이 많은 연구자의 비판을 받기도 하였다.

잉여 농산물 원조는 한국경제에 어떤 영향을 미쳤을까? 곡물 가격 안정, 재정 안정, 산업 발전이라는 세 가지 측면을 생각해 볼 수 있다.

첫 번째로 곡물 가격 안정이다. 해방 후 한국은 식량을 자립하지 못해 외국에서 많은 양을 수입해야 하였는데 1960년대 중반까지는 외화가 부족하였다.

만일 농산물 원조가 없었다면 식량이 부족해지고 곡물 가격이 높아져 한국인들이 고통을 겪었을 것이다. 다만, 한국 정부가 물가 안정이라는 명목하에 잉여 농산물 원조를 활용해 곡물 가격을 지나치게 낮게 유지하기도 하였기 때문에 원조가 농업과 농촌의 발전을 저해한 측면도 있었다.

두 번째로 재정 안정이다. 한국전쟁 후 비대해진 군대를 유지하기 위해서는 많은 군사비를 지출해야 하였다. 그 상당 부분은 잉여 농산물을 포함한 원조 물자의 판매대금, 즉 대충자금으로 충당되었다. 만일 농산물 원조가 없었다면 재정 적자를 중앙은행의 통화 발행으로 해결할 수밖에 없었을 것이고 한국인들은 높은 물가상승률에 고통받았을 것이다.

세 번째로 산업 발전이다. 위에서 보았듯이 한국의 경우 잉여 농산물 원조 중 제조업 원료인 원면의 비율이 매우 높다는 특징이 있었다. 이 원료 원면은 한국 면방직업의 발전에 큰 기여를 하였다. 다만, 소수의 면방직업체들이 별다른 경쟁 없이 유리한 조건으로 원면을 배분받았기 때문에 특혜 논란이 대두되기도 하였다.

기술 원조

어떤 경제의 생산 수준, 즉 GDP는 기술 수준, 물적 자본, 인적 자본, 노동의 함수라고 할 수 있다. 이것을 1인당 GDP의 식으로 바꾸어 보면 기술 수준, 1인당 물적 자본, 1인당 인적 자본의 함수가 된다. 앞서 살펴본 프로젝트 원조나 양허성 차관 등은 대개 1인당 물적 자본을 늘리는 역할을 맡았다. 반면, 이 절에서 검토해 보고자 하는 기술 원조는 1인당 인적 자본을 늘리거나 경제 전체의 기술 수준을 향상시키는 것에 초점을 맞춘 원조라고 할 수 있다.

기술 원조는 크게 두 가지로 나누어 볼 수 있다. 한 가지는 증여나 차관을 통한 프로젝트 안에 물적 지원과 함께 기술 지원이 포함되어 있는 경우이고, 다른 한 가지는 그렇게 프로젝트의 구성 요소로 들어가 있지 않고 독립적으로 인적 자본을 늘리거나 기술 수준을 향상시키기 위해 제공되는 원조이다.

이 중 이 절에서 다루고자 하는 것은 독립적인 기술 원조이다. OECD에서는 이것을 가리켜 기술협력(technical cooperation) 또는 독립기술협력(freestanding technical cooperation)이라는 용어를 사용하는데, 여기서는 한국어로 좀 더 익숙한 기술 원조라는 용어를 사용하도록 하겠다.

OECD DAC의 『2005년 개발협력보고서』는 기술 원조에 한 개의 장을 할애해 설명하고 있다. 이에 따르면, 기술 원조는 크게 세 가지 형태로 구성된다. 첫째는 장학생이나 연수생 자격을 주어 학습을 지원하는 것이다. 둘째는 전문가, 교사, 자원활동가들을 원조 공여국으로부터 직접 공급하거나, 현지 또는 다른 국가로부터 채용할 수 있도록 자금을 지원하는 것이다. 셋째는 개발도상국들에서 대두되는 문제들, 예를 들어 열대 질병에 관해 연구하는 것이다. 이 세 가지는 수혜국 입장에서 보면 각각 파견, 초청, 연구 용역이라고 할 수 있을 것이다.

한국 정부는 1951년 UN으로부터 최초의 기술 원조를 받은 때부터 기술 원조 통계를 별도로 집계해 왔다. 이 통계는 1960년대 들어 『과학기술연감』이 발행되면서 공개되었는데, 기술 원조를 초청, 파견, 용역, 물자라는 네 가지로 분류하고 있다.

초청은 외국인 기술자, 전문가를 한국으로 불러 기술과 지식을 습득하는 것이고, 파견은 한국인을 교육을 위해 해외로 보내는 것이다. 용역은 한국경제에

|그림 12| **기술 원조의 형태별 구성**

(단위: 백만 달러)

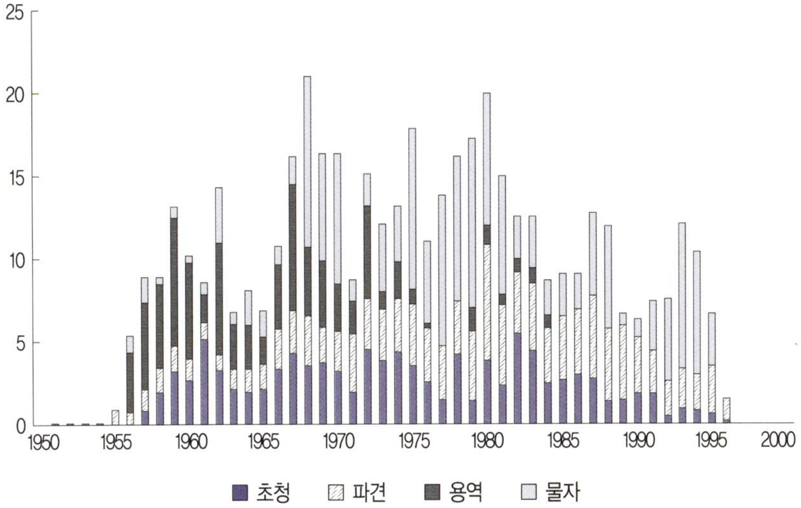

자료: 『과학기술연감』.

과제로 대두된 사항들에 대해 전문 서비스를 제공받는 것이다. 이 세 가지는 OECD DAC의 『2005년 개발협력보고서』에서 지적한 기술 원조의 세 가지 형태와 대응한다. 마지막으로 물자는 기술과 지식을 전파하는 데 필요한 물자, 예를 들어 연구 장비를 제공받는 것이다.

그림 12는 한국에 도입된 매년의 기술 원조를 형태별로 구분한 것이다. 한국에 제공된 최초의 기술 원

조는 파견 형태였다. 1951년에 한국인 3명이 해외에 파견되었다. 금액으로는 9,100달러였다. 1953년에는 최초의 외국인 기술자 초청이 이루어졌는데, 1명을 초청하는 데 6,900달러의 지원을 받았다. 1956년에는 용역 및 물자 도입이 시작되었다. 각각 350만 달러와 100만 달러 규모였다. 기술 원조 총액은 이후 증가하다가 1980년대 이후 감소하였다. 10년 단위로 합산해서 형태별 구성을 보면 1950년대에는 용역이 58%로 절반 이상을 차지하였다.

1960년대에도 용역은 가장 많았지만 31%로 물자 28%, 초청 26%와 큰 차이가 나지 않았다. 파견 비율은 15%였다. 1970년대에는 물자가 42%로 가장 많아졌고, 그다음은 파견 26%, 초청 22%였다. 용역의 비율은 10%로 크게 줄었다. 1980년대에는 파견이 40%로 가장 많아졌고 그다음은 물자 30%, 초청 27%였다. 용역은 3%에 불과하였다.

파견과 초청의 경우 금액이 아닌 인원으로도 통계가 집계되어 있다. 그림 13을 보면 금액과는 달리 늘 파견 인원이 초청 인원보다 많았던 것을 알 수 있다. 한국인 파견은 1951년 3명에서 시작해 1973년에는 1,054명까지 늘었다. 1970년대에는 매년 900명 내

|그림 13| **초청 및 파견 인원**

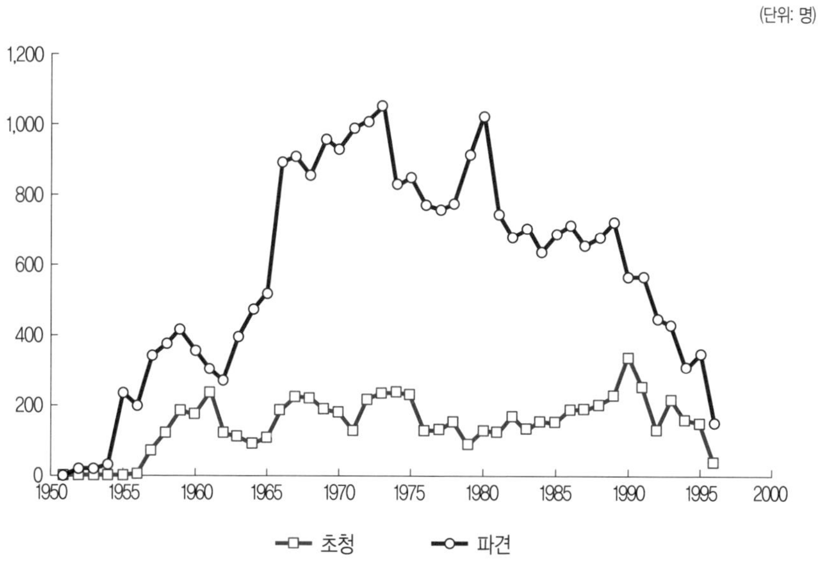

자료: 『과학기술연감』

외, 1980년대에는 매년 700명 내외의 인원이 파견되었다. 외국인 초청은 1953년 1명에서 시작해 1960년대 이후는 1990년대 초까지 매년 200명 내외가 초청되었다. 파견 인원과 초청 인원 모두 1990년대 들어서 빠르게 감소하였다.

한국 정부 통계는 기술 원조를 8개 부문으로 구분해 집계하고 있다. 광공업, 농림수산, 교육, 공공행정, 교통, 보건위생, 사회복지, 기타이다. 『과학기술연감』에는 1977년까지의 집계치가 실려 있다.

10년 단위로 합산해서 보면 1950년대에는 광공업 34%, 공공행정 14%로 광공업의 비율이 가장 높았다. 1960년대에도 광공업의 비율은 31%로 가장 높았는데, 두 번째는 20%의 농림수산이 차지하였다. 나머지는 모두 10% 미만이었다. 1971년부터 1977년까지는 농림수산의 비율이 24%로 가장 높아졌다. 두 번째는 23%의 광공업이었고, 17%의 교육과 16%의 보건위생이 그다음이었다.

한국 정부 통계는 또한 기술 원조를 재원별로 네 가지로 구분하였다. 바로 AID, UN, 콜롬보 플랜, 기타이다. AID는 FOA, ICA, AID로 이어지는 미국 해외원조기구를 가리킨다. UN은 UN 또는 그 산하의 UN개발계획(UNDP) 등 다양한 기구를 말한다. 콜롬보 플랜(Colombo Plan)•은 아시아·태평양 지역 국가들의 경제·사회 발전을 위한 상호 협력체이다. 기타는 콜롬보 플랜에 참여하지 않은 국가를 가리키며 주로 서독 또는 독일이었다.

콜롬보 플랜: 1951년 7월에 발족한 아시아·태평양 지역 국가들의 정부 간 기구로서 주로 회원국 간 기술협력 증진을 목표로 하고 있다. 1977년까지의 정식 명칭은 '남아시아, 동아시아에서의 협력적 경제발전을 위한 콜롬보 플랜'이었는데 1950년 1월 영연방 외교 회의가 열린 실론(현 스리랑카)의 도시 콜롬보의 이름을 딴 것이다. 설립 멤버는 영국, 캐나다, 호주, 뉴질랜드, 인도, 파키스탄, 스리랑카 등 영연방 7개국이었으나 이후 미국, 일본과 많은 동아시아, 동남아시아 국가들이 가입하였다.

재원별 비율을 10년 단위로 합산해서 보면 1950년대에는 미국 해외원조기구가 98%로 압도적인 비율을 차지하였고 1960년대에도 54%로 가장 많았다. 하지만 1978년을 끝으로 종료되었기 때문에 1970년대의 비율은 9%로 크게 떨어졌다. 1960년대에 미국 해외원조기구 다음으로 많았던 것은 32%의 UN이었다. 1970년대에는 주로 서독에 해당하는 기타 재원의 비율이 39%로 가장 높았고, 그다음은 35%의 UN이었다. 1980년대에는 UN의 기술 원조가 44%로 가장 높은 비율을 차지하였고, 기타 33%, 콜롬보 플랜 23%가 그 뒤를 이었다.

재원별로 내역을 좀 더 살펴보겠다. 미국 해외원조기구의 기술 원조는 1954년 한국인 10명을 파견하는 것으로 시작해 1978년 종료되었다. 단순 합계로 1억 2,600만 달러가 제공되었는데, 그중 용역이 39%, 초청이 32%, 물자가 18%, 파견이 11%의 비율을 차지하였다. 그런데 외국인 초청은 주로 한국 사무소에 직원을 파견한 것이어서 한국 정부가 직접 원하는 전문가를 초빙한 것과는 달랐다. 한국인 해외 파견의 경우도 타 재원보다는 훈련생 비용 부담이 큰 편이었다.

다음으로 UN의 기술 원조를 보겠다. 1951년 한국에 최초로 기술 원조를 제공한 곳이 UN이었다. 그중 UNDP가 UN 기술 원조의 절반을 담당하였다. UNDP는 1972년부터 한국 경제개발 5개년 계획에 맞추어 5년 단위로 국가협력사업을 개시하였다. 처음에는 UNDP가 모든 비용을 부담하였고 제4차 사업부터는 한국 정부도 비용을 분담하였다. UNDP의 국가협력사업은 시기별로 5개년 계획의 중점사업에 대응해 공업, 인력개발사업, 중화학산업, 과학기술, 환경 및 인간개발 영역에 초점을 맞추었다.

콜롬보 플랜은 일종의 상호 협력 기구로 한국은 1962년 회원이 되었다. 그때부터 회원국들로부터 기술 원조를 제공받기 시작하였는데, 1980년 현재 완료된 사업 기준으로 95%의 자금은 미국의 지원을 받은 것이었다.

그 밖에 기술 원조를 제공한 국가는 독일, 프랑스 등이 있었다. 이 중 특히 독일은 각종 연구소와 직업훈련원 등을 설립하는 데 대규모 기자재를 제공하고, 그 운영에 관한 용역도 제공함으로써 산업 진흥 토대 구축에 기여하였다. 독일의 기술 원조는 1967년 발효된 한독 기술협력협정에 근거를 두었으며, 1972년부터 1980년까지 매년 한독 경제실무자 회담이 개최되어 여기서 각 연도의 기술 원조 규모와 지원 대상 사업이 결정되었다.

5

원조를 받는 나라에서 주는 나라로

OECD 통계에 한국에 제공된 ODA가 1999년까지만 집계되어 있는 것은 2000년부터 DAC의 수원국 리스트에서 한국이 제외되었기 때문이다. 즉, DAC 기준으로는 더 이상 한국이 개발도상국이 아니기 때문에 어떤 나라가 한국에 증여나 양허성 차관을 제공하더라도 ODA로 집계되지 않는다.

그로부터 몇 년 후인 2009년 한국은 OECD의 원조 공여국 클럽인 DAC에 가입하였다. 원조를 받는 나라에서 주는 나라가 된 것이다. 많은 원조를 받던 나라가 경제성장에 성공해 원조를 주는 나라가 된 사례는 매우 드물다. 한국은 그 드문 사례 중 하나이다. 제4장까지는 한국이 원조를 받은 경험에 대해 다루었다면 이번 장에서는 원조를 주는 나라로서의 한국에 대해 살펴보고자 한다.

1990년대까지의 원조 공여

한국이 DAC에 가입한 것이 2009년이라고 해서 그 전에 다른 나라에 원조를 제공하지 않았던 것은 아니다. 거슬러 올라가면 한국이 많은 원조를 받고 있던 1960년대에 이미 원조 공여가 이루어지고 있었다.

한국이 준 ODA는 기술 원조로 시작되었다. 한국은 1962년부터 콜롬보 플랜을 통해 한국 기술자를 해외로 파견하는 사업을 지원받았다. 그런데 콜롬보 플랜은 아시아·태평양 지역 국가들의 경제·사회 발전을 위한 상호 협력체로서 회원국 상호 간의 쌍무적 협력 방식이라는 특징이 있었다. 그래서 한국 정부는 한국 기술자를 해외로 파견할 뿐만 아니라 개발도상국의 기술자들을 한국으로 초청하는 사업을 추진하게 된다.

당시 한국 정부는 정부 재정을 원조에 의존해야 할 정도로 자금이 부족하였기 때문에 기술 원조를 '정부계획'과 '한미공동계획'이라는 두 가지 형태로 구분하여 실시하였다. '정부계획'은 한국 정부 예산으로 집행한 것이고, '한미공동계획'은 훈련생의 왕복 여비, 체재비, 한국 내 여비를 미국 AID에서 부담하고 기타 훈련에 필요한 경비를 한국 정부에서 부담한 것이다.

그림 14는 재원별 훈련생 초청 실적이다. 1963년 8명으로 시작해 1970년대 전반에는 매년 약 200명을 초청하였던 것을 알 수 있다. 1963년과 1964년에 합계 27명을 초청한 것은 모두 미국 AID로부터 지원을 받은 것이었다. 한국 정부 예산으로 초청한 것은 1965년

|그림 14| **재원별 훈련생 초청 실적**

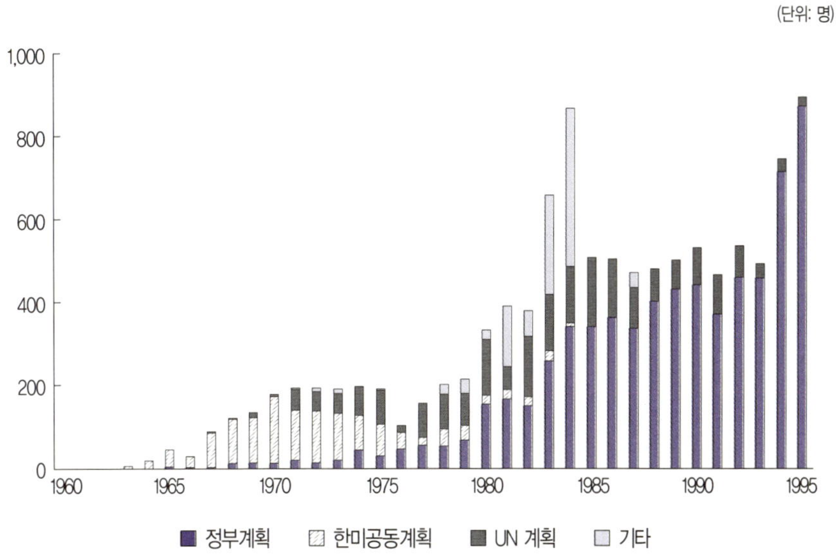

자료: 『과학기술연감』

6명이 시작이었다. 1967년에는 UN 자금에 의한 위탁 훈련이 시작되었다.

1970년까지 실적을 보면, '한미공동계획'은 557명, '정부계획'은 50명, 'UN 계획'과 기타가 20명으로 한미공동계획이 대부분이었다. 1970년대 중반부터는 한국 정부 예산을 이용한 초청이 늘어나 1980년에는 155명, 1990년에는 531명이 되었다. 한국경제가 고도성장을 실현함에 따라 국제개발협력에 한국이 기여해야 할 필요성이 점점 높아진 데 따른 것이다. 그 대신 AID

의 자금 지원을 통한 초청은 1970년대 들어 감소하여 1984년에 종료되었다.

1967년에는 전문가 파견 형태의 기술 원조도 시작되었다. 이 해 에티오피아에 도시계획 분야 전문가 1명을 파견하였고, 다음 해인 1968년에는 칠레에 농림수산 분야 전문가 1명을 파견하였다. 1969년 말에는 과학기술처 협력국장을 단장으로 하는 7명의 기술조사단이 니제르 공화국에 파견되어 농업 분야의 지하수 개발, 공업 분야의 도자기 합작투자, 광업 분야의 철강 및 귀금속 개발 등의 가능성 여부를 조사하였다. 이러한 니제르 공화국과의 협력은 북한의 아프리카 국가들과의 경제협력에 대항해 한국의 아프리카 진출 거점을 만들고자 하는 의도도 있었다.

전문가 파견은 1979년까지는 10명 이하에 머물다가 1980년대에 빠르게 증가하였다. 1980년대 후반에는 매년 50명 내외의 전문가가 파견되었다. 그전보다는 많이 늘어난 것이지만 같은 시기 훈련생 초청이 매년 500명 정도였던 것에 비해서는 적었다. 1991년의 『과학기술연감』에 실린 1990년까지의 소요 금액 누계를 비교해 보더라도 초청은 121억 원, 파견은 20억 원이었다.

1987년에는 한국 ODA 역사에서 중요한 발걸음이 내딛어졌다. 이 해 「대외경제협력기금법」이 시행되었고, 이에 따라 대외경제협력기금(Economic Development Cooperation Fund: EDCF)이 창설되었다. EDCF는 당시 재무부, 현재 기획재정부의 책임하에 개발도상국에 유상 원조, 즉 양허성 차관을 제공하는 기금이며, 실제 자금 운용은 한국수출입은행이 위탁받아 해오고 있다.

그로부터 4년 뒤 1991년에는 「한국국제협력단법」이 제정·시행됨에 따라 당시 외무부, 현재 외교부 산하에 한국국제협력단(Korea International Cooperation Agency: KOICA)이 설립되었다. KOICA는 그 전에 외무부, 과기처, 노동부, 건설부, 체신부, 한국개발연구원 등에서 분산 실시하고 있던 무상 원조, 즉 증여를 통합, 운영하게 되었다.

이처럼 1988년 서울올림픽 개최와 1991년 남북한 UN 동시 가입을 전후하여 EDCF와 KOICA라는 한국 ODA의 주요 실시 체계가 정비되었다. 표 6은 외교부 홈페이지에서 ODA 추진 체계를 설명하고 있는 것이다. ODA 중 한국 정부가 직접 제공하는 양자 간 원조의 운용이 중요한데, 무상 원조(즉, 증여)는 외교부가 주관하고 KOICA가 실시하는 것을 알 수 있다.

|표 6| **한국의 ODA 추진 체계**

<table>
<tr><th colspan="3">협력 형태</th><th>시행기관</th><th>주관기관</th></tr>
<tr><td rowspan="2">양자 간</td><td>무상 원조</td><td>물자공여
현금공여
프로젝트형 사업
기술협력</td><td>KOICA</td><td>외교부</td></tr>
<tr><td>유상 원조</td><td>개발협력차관(EDCF)</td><td>한국수출입은행</td><td>기획재정부</td></tr>
<tr><td rowspan="2">다자간</td><td colspan="2">국제기구 분담금: UN 등</td><td>외교부</td><td>외교부</td></tr>
<tr><td colspan="2">국제기구 출자금: 국제개발금융기관</td><td>한국은행</td><td>기획재정부</td></tr>
</table>

자료: 외교부 홈페이지(www.mofa.go.kr/www/wpge/m_21374/contents.do).

그리고 유상 원조(즉, 양허성 차관)는 기획재정부가 주관하고 EDCF를 재원으로 하여 한국수출입은행이 실시한다. 이 둘 외에도 중앙정부의 일부 부처와 지방자치단체들이 자체 예산으로 ODA를 제공하고 있지만, 한국의 ODA 대부분은 EDCF와 KOICA를 통해 제공되고 있다.

한국의 ODA 공여 통계는 EDCF가 창설된 1987년부터 집계되고 있다. 한국 정부는 1987년에 2,400만 달러의 ODA를 제공하였다. 2020년 달러 가격 기준으로는 4,900만 달러에 해당한다. 1990년에는 8,700만 달러로 늘었지만 2020년에 제공한 23억 달러와 비교하면 정말 소액이었다. GNI 대비로는 1987년부터 1990년까지 모두 0.02%에 불과하였다. 참고로 2017년

GNI 대비 ODA는 0.14%였다.

1987년부터 1990년까지의 4개년 합계(2020년 달러 기준) 2억 5,000만 달러 중 한국 정부가 수혜국에 직접 제공한 양자 간 원조는 14%에 불과하였다. 대부분인 86%는 다자협력기구에 대한 출자 및 출연금이었다. 출자금과 출연금은 모두 각국 정부가 다자협력기구에 납입하는 금액인데, 출자금은 탈퇴 시 돌려받을 수 있는 형태라는 점이 출연금과 다르다. 4년간의 출자·출연금 2억 1,000만 달러 중 절반 이상인 54%가 세계은행에 대한 것이었다. 그리고 28%는 아시아개발은행, 10%는 UN에 대한 것이었다.

양자 간 원조 3,200만 달러 중 35%는 기술 원조였다. 1987년과 1988년에는 이 비율이 80%였는데, 1989년 45%, 1990년 18%로 낮아졌다. 이처럼 다자협력기구에 대한 출자 및 출연금의 비율이 높았고, 양자 간 원조 중에서도 상당 부분이 기술 원조였기 때문에 실제로 물적인 원조는 한국이 제공한 ODA에서 얼마 되지 않았다.

양자 간 원조 중 51%는 증여, 49%는 양허성 차관이었다. 1987년과 1988년에는 100%가 증여였지만, 이 비율은 1989년에는 65%, 1990년에는 27%로 낮아졌다. EDCF의 양허성 차관이 제공되기 시작하면서부터 바뀐 것이다.

다음으로 수혜국 분포를 보면, 대륙별로는 아프리카 대륙이 52%로 가장 많았고 그다음은 26%의 아시아 대륙이었다. 국가별로는 나이지리아가 50%로 가장 많았는데 아프리카 대륙 52%가 거의 나이지리아였던 셈이다. 이것은 EDCF의 첫 양허성 차관이 나이지리아에 제공되었기 때문이다. 초기에는 ODA 금액 자체가 적었기 때문에 프로젝트 하나가 구성을 크게 바꿔 놓을 수 있었던 것이다.

EDCF와 KOICA라는 ODA 실시 체계가 갖추어진 후 실시된 1990년대는 어떠하였을까? 2020년 달러 가격 기준으로 1990년 약 9,000만 달러였던 한국의 ODA는 그로부터 10년 뒤 3.4배로 늘어난 약 3억 달러가 되었다. 이것은 다자협력기구에 대한 출자·출연금까지 포함하였을 때이고, 그것을 제외하고 양자 간 원조만 보면 1,750만 달러에서 1억 8,300만 달러로 10.5배가 되었다. GNI 대비로는 2000년에 0.04%를 기록해 1980년대 말이나 1990년대 전반에 비해 상승하였지만 여전히 낮은 수준이었다.

10년간의 합계로 보면 양자 간 원조 비율은 57%

로 1980년대 말에 비해 크게 늘었다. 양자 간 원조 중에서는 기술 원조의 비율이 15%로 낮아졌다. 즉, 한국 정부가 직접 수혜국에 제공하는 물적 원조가 ODA의 중심이 된 것이다. 증여와 양허성 차관의 비율을 보면 양허성 차관이 55%로 증여보다 더 많았다. 대부분의 선진국들은 증여가 더 많았기 때문에 2000년대 들어 한국 ODA 제도의 개선을 논하는 과정에서 이 비율은 다시 역전된다.

수혜국 분포를 보면 대륙별로는 아시아 대륙이 63%로 가장 많았고 아프리카 대륙이 15%로 그다음이었다. 1990년대 EDCF의 운용에서도 KOICA의 활동에서도 성과 측면에서 중점지원국을 선정해 원조를 집중하는 과정이 진행되었는데, 이 중점지원국의 대부분이 한국과 교류가 많은 아시아 국가들이었다. 상위 5개 지원국은 차례대로 중국, 인도네시아, 스리랑카, 베트남, 미얀마였다.

2000년대 이후의 원조 공여

한국은 1996년 OECD에 29번째 회원국으로 가입하였다. 신생 개발도상국 중에서는 처음으로 선진국들의 클럽에 들어간 것이다. 한국경제의 국제적 위상이 높아짐에 따라 개발협력에 대한 책임감도 높아질 수밖에 없었다. 1997년 갑자기 발생한 외환위기로부터 몇 년간의 회복기를 거친 후 한국 정부는 ODA 정책의 체계화에 착수하였다.

2003년 대통령 직속 지속가능발전위원회는 「우리나라 대외원조(ODA) 정책의 개혁과제와 개선방안」이라는 정책문서를 작성하였다. 이 문서는 한국 ODA의 문제점을 지적하고 개혁의 기본 방향과 세부 추진 방안을 제시하였다. 하지만 지속가능발전위원회는 자문기관이지 의결이나 집행 기관은 아니었다. 위원회의 자문이 실행력을 얻기 위해서는 한 단계 더 나아갈 필요가 있었다.

이때 중요한 정책문서가 2005년 11월 국무회의에서 채택된 「대외원조 개선 종합대책」이다. 종합대책은 2년 전 지속가능발전위원회가 작성한 「우리나라의 개발도상국 ODA 정책의 개혁과제와 개선방안」의 문제의식과 개혁방안을 거의 그대로 계승하였다.

종합대책은 한국 ODA의 문제점을 개선하기 위해 먼저 한국형 원조 모델의 정립을 강조하였다. 한국의 비교우위 분야를 중점 지원한다는 방침이 채택되었는데, 구체적으로는 경제개발 경험, 빈곤 퇴치, 인적자원 개발, IT 분야 등이다. 이 중 특히 경제개발 경험과 인적자원 개발은 자금이 풍부한 선진국들과는 차별화되는 분야로서 무상 기술협력과 유상 원조를 적절히 병행하는 방식으로 추진해 나가기로 하였다.

그리고 ODA 인프라 구축으로서 국무총리실 산하에 국무총리를 위원장으로 하는 '대외원조정책위원회'를 설치하여 중장기, 연도별 기본 계획을 심의 조정하고 실적을 평가하기로 하였다. 그리고 원조 이념, 목표, 추진 체계를 포괄하는 가칭 대외원조법을 제정하는 방안을 검토하기로 하였다.

이 밖에 주목할 만한 사항이 두 가지 더 있다. 먼저 DAC 가입 검토이다. 당시 한국은 OECD 산하 26개 위원회 중 DAC에만 가입하지 않은 상태였다. DAC 가입의 기본 요건은 연간 원조 규모 1억 달러 이상 또는 GNI 대비 0.2% 이상인데, 한국 ODA 규모는 1억 달러 이상이었기 때문에 요건을 만족하고 있었다. DAC 가입을 위해서는 규모 충족 외에도 ODA 전략, 정책, 운영 체계와 사후 평가·모니터링 제도를 갖추어야 하였기 때문에 2010년 전후를 가입 시점으로 설정하고 검토해 나가기로 하였다.

구속성 원조: 원조를 제공한 국가나 특정 소수 국가들의 기업들로부터 물품이나 서비스를 구매해야 하는 조건이 달린 원조.

다음으로 당시 80% 수준이던 구속성 원조(tied aid)•의 비율을 점차 낮추어 가기로 하였다. 이것은 DAC 회원국들의 전반적인 추세이기도 하였고, 한국이 DAC 가입을 추진해 나가기 위해서도 필요한 점이었다.

종합대책의 내용들은 이후 순차적으로 실행되었다. 먼저 2006년 1월 대통령령으로 국무총리실 산하에 '국제개발협력위원회' 설치가 결정되었다. 2007년 7월에 열린 제2차 국제개발협력위원회는 DAC 가입을 추진하기로 확정하는 한편 또 하나의 중요한 정책문서를 채택하였다. 바로 「ODA 중기전략」이다. 중기전략은 2008년부터 2010년까지를 ODA 기반 조성 단계로 설정하여 원조 규모 확대, 무상 비율 제고, 비구속성 원조 확대, 가칭 국제개발협력기본법 제정 등을 추진해 나가기로 하였다.

DAC 가입은 2009년에 이루어졌다. 한국 정부는 위원회의 추진 결정 후 가입 작업반을 구성해 준비를 해나갔고 2008년 DAC의 특별 동료 검토를 받았다. 2009년 1월에는 공식 가입 신청서를 제출하였고, 그해 11월 DAC의 가입 심사 특별위원회에서 기존 회원국 전원 합의로 24번째 회원국이 되었다.

2005년 「대외원조 개선 종합대책」에 포함된 대외원조법은 '국제개발협력기본법'이라는 이름으로 2010년 1월에 제정되고 7월부터 시행되었다.

DAC 가입 후인 2010년대에도 ODA 정책의 개선을 위한 노력은 계속되었다. 2007년의 정책문서인 「ODA 중기전략」은 2011년부터 2015년까지를 '원조의 선진화' 추진 단계로 설정하였는데, 새로운 단계의 시작을 앞둔 2010년 10월 제7차 국제개발협력위원회는 그 추진 방안으로서 「국제개발협력 선진화방안」을 채택하였다.

「선진화방안」은 수립 과정에서 2008년 DAC가 권고한 사항들을 고려하였다. DAC는 5개 분야 17개 항목을 권고하였는데, 이 중의 상당 부분은 증여와 양허성 차관의 주관·실시 기관이 별도의 원조전략을 세워 별도로 사업을 수행하고, 별도로 평가를 함에 따라 야기되는 비효율성을 해결하라는 것이었다.

「선진화방안」은 DAC의 권고를 반영해 증여와 양허성 차관을 통합한 지역별 정책 기조를 설정하고 기관별로 각각 운영하고 있던 중점협력국을 26개국으로 통합하도록 하였다. 구체적으로는 아시아에서 베트남, 캄보디아 등 11개국, 아프리카에서 가나, 콩고

등 8개국, 중남미에서 콜롬비아 등 4개국, 중동과 CIS에서 우즈베키스탄 등 2개국, 대양주에서 솔로몬군도가 통합 중점협력국으로 선정되었다. 그리고 이들 국가 각각에 대해 2012년까지 통합 국별 지원전략을 수립하도록 하였다.

2010년 12월 개최된 제8차 국제개발협력위원회에서는 선진화방안을 구체화한 계획으로서 2011년부터 2015년까지의 제1차 「국제개발협력 기본계획」을 수립하였다. 5년 간격의 기본계획 수립은 2010년 1월 제정된 국제개발협력기본법 제8조에서 규정한 것이기도 하였다. 주목할 것은 제1차 기본계획이 기획재정부의 계획안과 외교통상부의 계획안을 합쳐 놓은 형태였다는 것이다. 물론 작성 과정에서 서로의 안을 조율하는 절차가 있었겠지만, 아직 증여와 양허성 차관을 통합하여 기획할 수 있는 역량이 한국 정부에 축적되어 있지 않았던 것이다.

각국에 대한 통합 지원전략은 이후 '국가협력전략'(country partnership strategy: CPS)이라는 이름으로 작성되었다. 당초는 2010년부터 시작해 2012년까지 26개국에 대한 CPS를 모두 작성하기로 하였지만, 실제로는 1년씩 늦춰져 2011년에 3개국, 2012년에 11개국,

2013년에 나머지 12개국에 대한 CPS가 작성되었다.

제1차 국제개발협력 기본계획의 마지막 해인 2015년 11월에는 제2차 기본계획이 제22차 국제개발협력위원회에서 결정되었다. 외교통상부와 기획재정부가 따로따로 작성하였던 제1차 기본계획과는 달리 제2차 기본계획은 '관계부처 합동'으로 작성되었다. 통합의 방향으로 한걸음 나아간 것이다. 하지만 여전히 국제개발협력위원회의 종합전략 수립 기능과 실질적인 조정 기능은 미흡한 것으로 평가받고 있다.

제1차 기본계획 당시 약 2년이 소요되었던 국가협력전략 작성은 제2차 기본계획 시에는 기본계획이 발효되는 2016년 말까지 전체 24개 중점협력국에 대해 완료되었다. 중점협력국의 수가 제1차 때보다 2개국이 줄어든 것은 2013년 OECD 동료 평가 시 수를 줄일 것을 권고받았기 때문이다. 그래서 2015년 3월 열린 제21차 국제개발협력위원회에서 원조 실적이 부진하였던 솔로몬군도 등 5개국을 제외하고 미얀마 등 3개국을 추가하는 조정이 이루어졌다.

2000년대 이후 한국의 ODA 공여 추이를 OECD 통계를 통해 확인해 보자. 먼저 2000년대를 보면, 2020년 달러 가격 기준으로 2000년 약 3억 달러였던 한국의 ODA는 2010년 4.4배로 늘어난 약 13억 달러가 되었다. GNI 대비로는 2000년 0.04%에서 2010년 0.12%로 상승하였다.

2001년에서 2010년까지의 합계에서 양자 간 원조의 비율을 보면 71%로 1990년대의 57%에 비해 크게 늘었다. 한국 정부가 직접 수혜국에 제공하는 원조가 대부분이 된 것이다. 양자 간 원조를 다시 증여와 양허성 차관으로 구분해 보면 증여가 62%, 양허성 차관이 38%였다.

대외원조 개선 종합대책에서 구속성 원조의 비율이 문제가 되었다는 점을 위에서 지적하였다. OECD 통계는 원조의 구속성에 대한 정보도 제공하고 있는데, 이 통계는 집행액이 아닌 승인액 기준이고 승인된 원조액의 85% 정도에 대해서만 구속성 여부를 알려주지만 구속성 원조 비율의 변화를 보는 데는 문제가 없을 것이다.

그에 따르면, 2000년에는 97%가 구속성 원조, 2%가 비구속성 원조, 1%가 부분 구속성 원조였다. 2003년에는 구속성 원조 비율이 81%로 낮아졌지만 부분 구속성 원조가 17%로 늘어났기 때문이었고, 비구속성 원조의 비율은 여전히 2%에 불과하였다.

DAC 가입을 염두에 둔 비구속성 원조로의 중심 이동은 2007년 이후 빠르게 진행되어 2009년에는 구속성 원조 52%, 비구속성 원조 48%로 둘의 비율이 거의 같아졌고, 2011년부터는 비구속성 원조가 구속성 원조보다 많아졌다.

수혜국의 대륙별 분포는 1990년대와 유사하게 아시아 66%, 아프리카 13%의 순이었다. 국별로 보면 차이가 있었는데, 이라크 전쟁의 영향으로 이라크가 1위가 되었고, 그다음은 베트남, 인도네시아, 캄보디아, 스리랑카였다. 전쟁의 일시적인 영향을 제외한다면, 베트남을 최우선시하는 입장은 이때부터 시작되었다고 할 수 있다. 중국은 경제성장의 영향으로 지원 우선순위가 낮아져 8번째 수혜국이 되었다.

DAC 가입 후인 2010년대의 원조 공여는 어떠하였을까? 2020년 달러 가격 기준으로 2010년 약 13억 달러였던 한국의 ODA는 팬데믹 직전인 2019년에는 1.9배로 늘어난 약 25억 달러가 되었다. GNI 대비 수치는 2018년부터 ODA 기준이 바뀌어서 2017년까지만 비교를 할 수 있는데, 2017년 0.14%로 2010년의 0.12%보다 약간 상승하였다.

원조의 구성은 2000년대와 비슷하였다. 양자 간

원조의 비율은 75%로 약간 늘었고, 양자 간 원조 중 증여의 비율은 62%로 2000년대와 같았다. 아시아의 비율이 63%인 것도 비슷한데, 아프리카의 비율은 13%에서 24%로 상당히 늘었다.

상위 5개 지원국은 2000년대와 비교하면 2개 나라만 남았는데, 베트남, 캄보디아, 방글라데시, 필리핀, 탄자니아의 순서였다. 아시아 4개 국가들은 2011년부터 2020년까지 10년 동안 중점협력국이었고, 아프리카의 탄자니아는 2016년부터 2020년까지의 제2기 중점협력국이었다. 마지막으로 비구속성 원조의 비율을 보면 2010년대에는 대체로 6:4의 비율로 비구속성 원조가 많았다.

6

원조의 효과성

원조의 효과성에 관한 국제 사회의 논의

한국에 제공된 원조의 성과에 관한 논의

지금까지 제2~5장에 걸쳐 한국이 받은 원조와 한국이 준 원조의 역사를 간략하게 정리해 보았다. 그러한 역사, 특히 한국이 원조를 토대로 경제성장을 이룩한 역사를 검토·분석해 의미 있는 시사점을 얻을 수 있다면 국제 사회의 원조 관련 논의에 중요한 기여를 할 수 있을 것으로 기대된다. 이 장에서는 문제의식을 개발하고 자극하는 차원에서 국제 사회에서 원조와 관련하여 지속적으로 논의가 이루어지고 있는 효과성이라는 이슈에 대해 살펴보고자 한다.

원조의 효과성에 관한 국제 사회의 논의

ODA는 글자 그대로 개발을 위한 원조이다. 즉, 개발도상국들의 개발을 돕기 위한 해외로부터의 지원이다. 개발은 여러 가지 의미를 담고 있지만 경제성장과 빈곤 퇴치가 중요한 요소임은 분명하다. 그런데 많은 양의 ODA가 개발도상국에 제공되었지만, 과연 그만큼의 성과를 내고 있는지, 즉 효과가 있는 것인지에 대한 의문도 끊이지 않고 있다.

국제 사회의 원조 효과성 논의에서 이정표라고 할 수 있을 만한 사건은 2005년의 '원조 효과성에 관

원조 효과성에 관한 파리 선언: 2005년 파리에서 열린 원조 효과성에 관한 두 번째 고위급 포럼에서 선택된 선언. 원조 효과성을 높이기 위한 기본 원칙을 제시하였을 뿐만 아니라 수원국과 공여국들이 이행해야 할 성과 지표와 2010년까지 달성해야 할 수치 목표도 제시되었다.

한 파리 선언'(Paris Declaration on Aid Effectiveness)•이다. 이 선언은 OECD DAC가 파리에서 개최한 두 번째 '원조 효과성에 관한 고위급 포럼'(High Level Forum on Aid Effectiveness)에서 채택되었다. 물론 파리 선언의 내용들은 그해 포럼에서 갑자기 튀어나온 것이 아니라 오랜 기간의 선행 노력이 축적된 결과물이었다.

냉전 시기였던 1980년대까지는 미국과 소련으로 대표되는 양 진영의 전략적 이익이 원조의 중요한 원동력이었기 때문에 상대적으로 개발이라는 측면은 부각되지 않았다. 1990년대 냉전이 종식되자 그동안 누적되어 왔던 효과성에 관한 논의가 터져 나오기 시작하였다.

특히 1980년대 이후 외채위기 국가와 체제이행국들을 대상으로 하였던 IMF와 세계은행의 구조조정 정책이 기대한 만큼의 경제성장을 이끌어 내지 못한 채, 오히려 사회적 약자를 더 어렵게 하고 있을 뿐이라는 비판이 대두되었기 때문에, 1990년대 들어 원조의 효과성을 높이기 위해 수원국뿐만 아니라 공여국의 행동 또한 개혁이 필요하다는 인식이 확산되었다.

1996년 OECD DAC는 「21세기 개발협력전략」(Shaping the 21st Century: The Contribution of Development

Co-operation)이라는 문서를 채택하였다. 이 문서는 특히 개발 과정에서 현지의 주인의식을 존중해야 한다는 점과 공여국들 사이의 조정의 중요성을 강조하였다.

2002년에는 UN 차원에서 '개발 재원에 관한 국제회의'(International Conference on Financing for Development)가 멕시코 몬테레이에서 개최되었다. 이 회의의 결과물로 '몬테레이 컨센서스'(Monterrey Consensus)가 채택되었는데, 그 주된 내용은 개발 재원을 확대하기 위한 다양한 방안이었지만 원조의 효과를 높이기 위한 방안들도 포함되어 있었다. 즉, 컨센서스는 공여국과 수원국 사이의 효과적인 파트너십의 바탕은 개발계획에 대한 수원국의 리더십과 주인의식을 인정하는 데 있다고 하였다. 또한 원조를 제공하는 국가와 기구들 사이의 조정을 개선할 필요가 있다는 점을 지적하였다.

파리 선언의 두 해 전인 2003년에는 로마에서 원조 효과성에 관한 첫 번째 고위급 포럼이 개최되었고, '조화에 관한 로마 선언'(Rome Declaration on Harmonisation)이 채택되었다. 로마 선언은 흔히 『좋은 관행 보고서』(Good Practice Papers)라고 부르는 DAC의 '공여 관행에 관한 태스크 포스'(Task Force on Donor Practices)의 보고서에 기초한 것이다. 이 태스크 포스는

DAC의 회원국들이 2001년 구성한 것으로 원조사업의 효과를 저해하는 공여 관행을 조사하기 위해 만들어졌다. 『좋은 관행 보고서』는 당시 공여 관행의 주요 문제점으로서 공여국 위주의 우선순위와 시스템, 원조 절차의 복잡성, 조정되지 않은 원조 공여 등을 지적하였다.

조정되지 않은 원조 공여와 관련하여 나중에 일어난 사건이기는 하지만 널리 회자된 일화 하나를 소개한다(OECD 2012: 104). 2005년 2월 수마트라 북부의 한 여자아이가 홍역 증상을 보이기 시작하였다. 당시 이 마을은 2004년 12월 남아시아를 덮친 쓰나미로부터 복구를 진행중이었다. 홍역이 널리 퍼진다면 몹시 심각한 일이 될 수 있어서 전염병 전문가들이 그곳으로 달려갔다.

그런데 여자아이의 증상이 조금씩 사라지기 시작하였고 곧 정상으로 돌아왔다. 무슨 일이 있었을까? 쓰나미가 덮친 후 혼란의 와중에 똑같은 홍역 백신을 서로 다른 곳에서 총 세 번이나 맞은 것이었다. 홍역 증상은 백신 과다 투여에 대한 반응이었던 것이다. '조화'가 왜 필요한지 이해가 될 것이다.

보고서는 이와 같은 잘못된 공여 관행을 개선

하고 원조의 효과를 높이기 위한 방향으로, 첫째 원조 공여국들이 원조 절차상의 불필요한 차이를 조화롭게 줄여 나가야 하고, 둘째 수원국의 시스템에 원조 공여국들의 지원 방식과 원조 절차를 맞추어 나가야 하고, 셋째 원조 공여국과 수원국 간에 원조사업에 대한 정보를 투명하게 공유하여야 하고, 넷째 원조 절차를 단순화하여 수원국의 비용을 줄여 나가야 한다고 하였다.

이 보고서에 기초한 로마 선언은 2000년에 채택된 'UN 새천년개발목표'를 달성하기 위해 원조 효과성을 높이는 것이 매우 중요하다는 점을 확인하고, 원조의 효과성을 높이는 방안으로서 공여국의 원조 전략이 수원국의 정책 우선순위와 합치되도록 하고, 구체적인 원조 정책과 절차 등이 수원국의 정책·제도와 조화되도록 해야 한다는 점을 강조하였다.

2005년 OECD DAC가 파리에서 개최한 두 번째 원조 효과성에 관한 고위급 포럼에서 채택된 '원조 효과성에 관한 파리 선언'은 이러한 그 전까지의 국제 사회 논의가 결집된 것이었다. '파리 선언'은 원조의 효과를 높이기 위한 다섯 가지 기본 원칙을 제시하였다. 그것은 바로 주인의식(ownership), 일치(alignment),

조화(harmonization), 성과지향적 관리(managing for results), 상호 책임(mutual accountability)이다.

'주인의식'은 수원국, 즉 개발도상국이 스스로 개발전략을 설정하고 제도를 개선하고 부패를 방지해야 한다는 것이다. '일치'는 원조를 제공하는 국가나 기구가 수원국이 설정한 전략에 맞추어 지원해야 하며 지원 과정에서 수원국의 현지 시스템을 사용해야 한다는 것이다. '조화'는 원조를 제공하는 국가나 기구가 중복을 피하기 위해 서로 원조 행위를 조정하고 절차를 단순화하고 정보를 공유해야 한다는 것이다. '성과지향적 관리'는 수원국과 공여국이 성과를 만들어 내고 측정하는 데 노력을 기울여야 한다는 것이며, '상호 책임'은 그 성과에 수원국과 공여국이 함께 책임을 져야 한다는 것이다.

파리 선언은 원칙을 이야기하는 데 그치지 않았다. 원칙별로 수원국과 공여국들이 이행해야 할 열두 가지 성과 지표를 설정하고 2010년까지 달성해야 할 목표를 제시하였다. 열두 가지 성과 지표는 ① 수원국의 실질적인 개발전략 마련, ② 신뢰할 수 있는 공공재정 관리 시스템, ③ 수원국 우선순위에 맞춘 원조, ④ 원조의 상호 조정을 통한 역량 강화, ⑤ 수원국 공공재정

관리 시스템 및 정부 조달 시스템의 활용, ⑥ 중복되는 프로젝트 실행 기구 감축을 통한 역량 강화, ⑦ 원조의 예측 가능성 증대, ⑧ 원조의 비구속화, ⑨ 공통의 계획 및 절차 활용, ⑩ 분석 작업의 공유, ⑪ 결과 지향적 체계, ⑫ 상호 책임 강화 등이었다.

성과 지표별로 2010년 목표가 설정되었는데, 예를 들어 ① 수원국의 실질적인 개발전략 마련과 관련해서는 2010년까지 수원국의 75% 이상이 개발전략을 보유하는 것이었다. 일부 성과 지표에 대해서는 두 가지 목표가 설정되기도 하였는데, 예를 들어 ⑩ 분석 작업 공유의 경우 현지 파견단 조사의 40% 이상을 공동으로 수행하는 것과 국가 분석 작업의 66% 이상을 공동으로 수행하는 것이었다.

OECD는 2011년에 78개 수원국을 대상으로 각 성과 지표의 2010년 현재 상황을 조사하고 그 결과를 발표하였다(정지원·이주영 2011). 그중 목표를 달성한 것은 ④ 원조의 상호 조정을 통한 역량 강화뿐이었다. 기술 원조의 50% 이상을 공여국의 역량개발 지원에 쓰도록 한 것인데, 2010년 현재 57%였다.

하지만 나머지 지표들은 모두 목표에 미달하였다. 예를 들어, ① 수원국의 실질적인 개발전략 마련과 관련해서는 75% 이상이 목표였지만 2010년 현재 조사 대상국의 37%만 개발전략을 보유하였다. ⑩ 분석 작업 공유의 경우 현지 파견단 조사의 40%, 국가 분석 작업의 66%를 공동으로 수행하는 것이 목표였지만 2010년 현황은 각각 19%, 43%에 불과하였다.

이처럼 파리 선언의 목표가 실제로 달성되지는 못하였다. 하지만 국제 사회가 공동의 원칙과 목표를 정하고 그것을 달성하려고 노력하였다는 점에 큰 의미가 있었다고 할 수 있겠다.

파리 선언 이후 국제 사회의 원조 효과성에 관한 논의는 2008년 '아크라 행동계획'(Accra Agenda for Action)과 2011년 '효과적인 개발협력을 위한 부산 파트너십'(Busan Partnership for Effective Development Co-operation)으로 이어졌다.

파리 선언으로부터 3년 뒤 가나의 아크라에서 원조 효과성에 관한 세 번째 고위급 포럼이 열렸다. 이 회의에는 시민사회의 대표들도 참가하였다. 여기서 채택된 아크라 행동계획은 파리 선언의 이행에 박차를 가할 것을 주문하면서 국제 원조의 변화를 반영하여 다음 세 가지 측면을 추가로 강조하였다.

첫 번째, 파리 선언이 주인의식과 관련하여 국가

라는 행위자를 지나치게 강조하였다는 점을 지적하였다. 원조가 시민사회를 배제함으로써 권위주의 정권을 강화하는 방향으로 작용할 수도 있다는 것이다. 아크라 행동계획은 원조를 받는 쪽이든 주는 쪽이든 그 과정에서 의회, 지방 정부, 시민사회 기구 등의 폭넓은 참여를 보장해야 한다는 점을 강조하였다. 두 번째, 원조의 제공자가 고소득 국가들만이 아니라 중소득 국가들, 그리고 민간기구들로 확대되는 상황을 반영하여 개발의 조정 과정에 이들 모든 제공자들이 충분히 참여하도록 해야 한다고 하였다. 세 번째로 성과에 대한 상호 책임과 관련하여 수원국과 공여국 모두의 시민들에 대한 책임을 강조하였다.

2011년 부산에서 열린 네 번째 고위급 포럼은 파리 선언의 이행을 점검하는 데 일차적 목적이 있었지만, 결과적으로 개발협력의 패러다임을 전환하는 모임이 되었다. '원조 효과성'(aid effectiveness)이라는 개념이 '개발 효과성'(development effectiveness)이라는 개념으로 대체된 것이다. 부산 포럼에는 160여 개국의 고위 인사, 주요 국제기구 대표, 시민사회 인사 등 약 2,000명이 참석해 개발 원조 분야의 최대 규모 회의가 되었다.

파리 선언이 DAC 회원국들과 이들의 원조를 받

는 개발도상국들의 컨센서스였다면, 부산 선언에는 중국, 인도, 브라질 등 원조를 제공하는 중소득 국가들의 의견과 시민사회의 의견도 반영되었다. 그에 따라 원조만이 아니라 투자, 무역, 송금 등 개발과 관련된 다양한 수단들의 효과성이 동시에 논의되었다.

부산 선언은 개발협력의 공통 원칙으로서 '주인의식', '결과 중심'(focus on results), '개발 파트너십'(partnerships for development), '투명성과 상호 책임성'(transparency and shared responsibility)을 설정하였다. 파리 선언과 비교해 보면 '일치'와 '조화'가 빠진 것이 눈에 띈다. 개발협력의 주체와 수단이 더 폭넓게 논의됨에 따라 '일치'와 '조화'를 강조하기는 더 어려워졌기 때문으로 볼 수 있다. '투명성'은 아크라 행동계획에서도 강조된 것인데 시민사회의 의견이 반영된 것이다.

부산 포럼 이후 OECD의 '원조 효과성에 관한 고위급 포럼'은 종료되었다. '원조 효과성'이 '개발 효과성'이라는 더 넓은 개념으로 대체됨에 따라 파리 선언에서와 같이 이행 목표를 설정하고 점검하는 것으로는 나아가지 못하였다. 그래서 부산 포럼을 '원조 효과성'이라는 규범을 사실상 약화시킨 모임으로 보기도 한다.

하지만 오랜 기간에 걸친 국제 사회의 논의를 바탕으로 원조의 수원국과 공여자들은 원조의 성과를 개선하기 위해 어떠한 노력이 필요한지를 깨닫게 되고 함께 개선을 위해 노력해 오고 있다.

한국에 제공된 원조의 성과에 관한 논의

한국은 원조를 받던 나라가 성장하여 원조를 주는 나라가 된 대표적 사례 중 하나이다. 제프리 삭스 역시 그의 『빈곤의 종말』 한국어판 서문에서 이 점을 강조하였다. 삭스는 한국의 경험이 경제 도약의 시작 단계에서 원조가 큰 효과를 낸다는 점을 시사한다고 보았다.

하지만 한국경제사 연구 문헌들이 한국이 받은 원조가 한국경제에 미친 영향에 대해서 반드시 긍정적으로 평가해 온 것은 아니다. 오히려 부정적인 평가가 더 많았다.

한국경제 규모 대비 경제원조가 가장 많았던 때는 1950년대이다. 당시 한국경제를 한마디로 원조경제라고도 부를 정도이다. 따라서 연구자들이 원조의 성과를 논할 때는 1950년대가 주된 분석 대상이 되었다.

1950년대 한국경제도 꾸준히 성장하였지만, 당시 한국인들의 기대에는 미치지 못하였다. 이 시기 한국경제의 성과를 비판적으로 바라본 연구자들은 한국에 제공된 원조에 대해서도 좋은 평가를 내리지 않았다.

한국경제에 미친 원조의 영향을 가장 먼저 본격적으로 분석한 홍성유도 그와 같은 입장을 취하였다. 서울대 상대 교수였던 그는 1961년 상반기부터 1962년까지 하버드 옌칭 연구소의 지원을 받아 'Analysis of the effect of U.S. Aid on the Korean Economy'라는 연구를 수행하였다. 이 연구는 통계 수집과 정리에 초점이 맞추어져 있었고, 경제기획원과 한국은행 직원들의 협조 속에 이루어졌다.

홍성유는 이 연구를 기초로 1962년에 『한국경제와 미국원조』라는 책을 발간하고, 1965년에는 내용을 더 추가하여 『한국경제의 자본축적과정』이라는 책을 냈다. 1965년 책의 제4편 제5장은 1950년대 미국이 한국에 제공한 원조에 대한 평가를 담고 있다. 그는 미국의 원조가 순수한 경제원조가 아닌 군사원조였으며 불균형을 확대했다고 비판하였다.

홍성유가 1950년대 원조가 순수한 경제원조가 아니었다고 보는 이유는 원조의 구성 내역에 있었다. 그는 1953~1961년의 8년간 원조 총액 중 "자본재라고 할 것은 1할 내외에 불과"하였으며, 그것도 "사회간접자본의 부분적인 대체와 보수를 위한 것이었고 산업시설의 확대를 위한 직접적인 생산재는 아주 미미한 것"이었다고 하였다. 경제개발 촉진이라고 하는 성격이 미약하였던 것은 원조의 군사적 성격을 반영한다는 주장이다.

1950년대 원조에 대한 비판적인 견해는 1970년대 후반과 1980년대에 가장 강하게 제기되었다. 당시 한국 경제학계는 고도성장을 거치면서 강화된 한국경제의 '대외 의존' 또는 '종속'이라는 문제에 대해 대체로 매우 비판적이었다. 많은 학자들이 대외 의존의 심화를 비판하는 가운데 그 주된 원인 중 하나로 1950년대 원조가 거론되었다.

1981년 한길사에서 출간된 『1950년대의 인식』, 그리고 1985년 돌베개에서 출간된 『해방40년의 재인식 I』 등에는 1950년대 원조의 부정적 영향을 강조하는 여러 연구자들의 글이 실렸다. 예를 들어, 『1950년대의 인식』에 실린 박현채의 「미 잉여 농산물 원조의 경제적 귀결」은 미국 원조가 농업의 생산력 향상을 저해하여 대외 의존을 심화시켰다고 주장하였다. 박현채는

1970년대부터 이미 그러한 주장을 펼쳤으며, 1978년에는 『민족경제론』이라는 단독 저서를 낸 바 있다.

『해방40년의 재인식 I』에서는 장상환이 「해방 후 대미의존적 경제구조의 성립과정」이라는 글에서 미국 원조가 공여국인 미국의 이익에 부합하는 방식으로 이루어진 결과, 한국경제를 미국경제에 종속시켰다고 주장하였다. 같은 책에서 김양화는 「미국의 대한원조와 한국의 경제구조」라는 글을 통해 "1950년대 원조가 관료·예속자본을 형성시켰다"라고 비판하였다. 김양화는 이후 원조에 원료를 크게 의존하던 면방직, 소모방, 제분 공업을 소재로 하여 「1950년대 제조업 대자본의 자본축적에 관한 연구」라는 박사논문을 1990년에 제출하기도 하였다.

원조에 대한 비판은 주로 1950년대 미국 원조에 대한 것이었지만, 1960년대 이후의 원조에 대해서도 유사한 비판이 제기되었다. 1960년대의 원조는 주로 양허성 차관의 형태였는데, 그것을 포함해 차관 전체가 한국경제에 미친 영향에 대해 논의가 이루어졌다. 예를 들어, 이대근은 1984년에 출간된 『한국자본주의론』에 실린 「차관경제의 전개」라는 글에서 1960년대 이후의 차관이 겉으로는 한국경제를 성장시킨 것으로 보이지만 실상은 부채라는 대외 의존의 늪에 빠트렸다고 주장하였다.

'대외 의존' 또는 '종속'을 강조하던 학계의 주장은 동구권 사회주의가 몰락하고 그 반면에 한국경제의 위상은 상승함에 따라 1990년대 들어 점차 힘을 잃게 되었다. 그렇다고 한국이 받은 원조에 대한 평가가 긍정적으로 바뀌었던 것은 아니다. 1960년대 이후 고도성장과 대비하여 1950년대 한국경제의 성과에 대한 평가는 여전히 좋지 않았기 때문이다.

비판의 지점은 이제 '대외 의존'이 아니라 '지대추구행위'(rent-seeking)• 또는 '부패'에 맞추어졌다. '지대추구행위'는 주로 뇌물과 같은 비생산적인 행위를 가리키는 용어이다. '지대' 또는 '경제적 지대'란 공급이 제한됨으로써 생기는 일종의 초과이익 같은 것인데, 이 초과이익을 향유하고 있거나 향유하고자 하는 기업은 공급을 제한하기 위해 노력할 유인이 있다. 아무나 해당 산업에 들어오지 못하게 법률이나 정책으로 제한을 한다든지 우호적인 정책의 혜택을 특정 기업들만 누리도록 뇌물을 제공한다든지 하는 것이다. 지대를 추구하는 행위는 대체로 비생산적이기 때문에 자원의 낭비라고 할 수 있다.

지대추구행위: 새로운 부를 창출하기보다는 사회적, 정치적 환경을 조작하여 자신의 기존 부를 늘리는 행위.

1950년대 한국경제를 이러한 관점에서 접근한 연구자들은 공통적으로 이승만 정부가 환율을 과대평가함으로써 외환 부문에서 커다란 지대가 발생한 점을 지적한다. 즉, 원조 그 자체보다는 원조를 받아들인 한국 정부의 정책이 경제적으로 부정적인 영향을 낳았다는 것이다.

예를 들어, 윤영진은 1991년의 행정학 박사논문에서 한국의 경제성장 과정에 정부 개입이 오랫동안 이어지는 가운데 1950년대에는 원조와 관련된 외환 부문, 1960년대 이후는 금융 부문에서 막대한 지대가 발생했다고 지적하였다. 그는 이러한 지대가 정부-기업 관계를 결정지었다고 주장하였는데, 1950년대와 관련해서는 원조 자금 배분과 관련된 정경유착이나 부패의 일화들을 소개하고 있다.

이후 연구들은 지대의 배분이라는 측면에서 1950년대의 지대추구행위를 이후 시기와 비교하여 더욱 부정적으로 평가하였다. 조윤제는 일본과 한국의 연구자들이 동아시아의 경제발전을 비교제도분석이라는 틀로 공동연구한 1996년 영문 책의 한 챕터에서 1950년대에는 한국 정부가 명확한 경제개발 전략을 수립하지 못해 민간 기업들을 이끌어 가지 못하였다고 보았다(Cho 1998).

그는 윤영진의 박사논문을 인용하면서 당시 부패가 만연하였던 것은 그 때문이었다고 주장하였다. 그 반면 1960년대 이후에는 한국 정부가 수출주도공업화라고 하는 명확한 전략을 수립하고 금융 부문에서 발생한 지대를 수출 성과에 따라 배분하였기 때문에 높은 성과를 올릴 수 있었다고 강조하였다.

김낙년은 1999년 논문 「1960년대 한국의 경제성장과 정부의 역할」에서 조윤제의 주장을 이어받아 더욱 정교하게 하였다. 그는 1955년부터 1975년까지 정부개입에 기인한 매년의 경제적 지대를 외환 부문과 금융 부문으로 나누어 추계하였다.

그는 1960년대 이후 금융 부문에서 발생한 지대는 일종의 객관적인 지표인 수출 성과에 따라 배분되었기 때문에 지대의 재량적 배분에 수반되는 정경유착의 소지가 크지 않았다고 주장하였다. 뒤집어 말한다면, 1950년대 외환 부문에서 발생한 지대는 재량적으로 배분되었고, 그에 따라 정경유착이나 부패와 같은 지대추구행위가 만연하게 되었다는 것이다.

지대추구행위의 대표적인 사례로 1950년대 원조자금이 집중되었던 면방직 산업을 들기도 한다. 앞서 언급한 것처럼 김양화는 1990년에 면방직 산업 등을 소재로 박사논문을 썼는데, 그 내용 중에는 면방직 업체들과 정부 간의 정경유착에 대한 언급도 있다.

이상철은 2001년 출간된 『한국경제성장사: 예비적 고찰』에 실린 「수입대체공업화정책의 전개: 1953-1961」이라는 글에서 김양화의 박사논문을 인용하면서 면방직 산업을 지대추구행위의 대표적인 예로 들었다. 즉, 시장환율보다 과대평가된 공정환율로 원면을 도입할 수 있었던 것은 엄청난 지대를 낳았는데, 당국이 그 지대를 설비 규모에 따라 배분하였기 때문에 기업들은 생산성 향상보다는 설비 확장에만 힘을 쏟았고 그 때문에 설비 과잉 현상이 나타났다는 것이다.

'대외 의존' 또는 '종속'이라는 관점에서 연구가 뜨겁게 진행되고 있던 가운데 한편에서는 다른 관점의 연구도 진행되고 있었다. 1970년대 후반 한국개발연구원과 하버드대학교 국제개발연구소가 함께 기획한 '한국 근대화 연구 시리즈'가 그것이다. 그 성과는 한국개발연구원의 워킹 페이퍼로 먼저 출간되었고 이후 여러 권의 책으로도 출판되었다.

이 중 원조에 대해 다루고 있는 것은 1979년(한국어 번역본은 1980년) 출간된 앤 O. 크루거의 『무역·외원과 경제개발』 그리고 여러 연구자들이 공동 집필해 1980년(한국어 번역본은 1981년) 출간된 『한국 경제·사회의 근대화』이다. 이들은 공통적으로 원조가 자본 및 기술 부족, 투자 재원 부족 등과 같은 애로를 해결해 줌으로써 장기적인 경제성장에 기여하였다고 주장하였다. 다만, 1950년대의 환율 정책, 즉 과대평가는 원조의 효과를 저해한 것으로 보고 있으며, 부문 간 배분의 측면에서도 비효율적인 배분이 있었을 수 있음을 지적하고 있다.

2000년대 이후에는 과거에 원조를 부정적으로 평가하였던 연구자 중에도 의견을 전환하는 경우도 나타났고, 한국 개발 경험의 해외 전파라는 측면에서 ODA라는 개념에 기초한 연구들도 나타났다. 예를 들어, 이대근은 2002년 출간된 『해방후·1950년대의 경제』에서 이전에 자신이 주장하였던 내용들을 기각하고, 원조가 한국경제를 파행으로 가져가기보다는 성장에 기여하였다고 주장하였다.

국제협력단의 이경구 연구위원이 2004년 작성한 『한국에 대한 개발원조와 협력』이라는 보고서는 ODA 개념에 근거해 한국에 제공된 원조를 정리하고 사례를 검토하였다. 보고서는 결론으로서 한국의 수원 사례를 '하나의 모범 사례'로 평가하였다. 2012년에는 한국개발연구원의 경제발전 경험 모듈화 사업●의 일환으로서 김준경과 김광성이 집필한 『한국의 원조수혜 경험 및 활용』이라는 보고서가 나왔다. 이 보고서는 1950년대 미국 원조뿐만 아니라 양허성 차관과 일본의 청구권 자금까지 포괄하여 원조가 제공된 주요 사례를 검토하고 그것들이 경제발전에서 중요한 역할을 하였다고 주장하였다.

경제발전 경험 모듈화 사업: 한국개발연구원의 '경제발전 경험 공유사업'(Knowledge Sharing program: KSP)의 일부로서 한국의 개발 경험을 체계적으로 정리하고 심층 연구하고자 시도한 것. 2010년부터 2016년까지 148개 주제가 다루어졌다.

이처럼 한국에 제공된 원조의 성과에 대해 재평가가 진행되고 있으므로 앞으로의 연구 추이를 지켜볼 필요가 있을 것이다.

나가며

지금까지 한국경제가 원조와 맺어온 관계를 정리해 보았다. 간략하게 본문의 주요 내용을 요약하는 것으로 글을 마무리하고자 한다.

국제개발협력에서 '경제원조'는 어떤 나라가 개발도상국의 경제적 후생 증진을 위해 재화나 서비스를 제공하는 것을 가리킨다. 경제원조는 제2차 세계대전 후 냉전을 배경으로 미국 주도하에 본격적으로 시작되었다. 1960년대에는 전후 부흥을 달성한 서유럽 국가들이 가세하여 공여국 클럽으로서 OECD DAC가 만들어졌고, DAC는 ODA 개념을 정의하는 등 공여국 간 협력을 통한 경제원조의 성과 확대에 노력해 왔다.

현재 경제원조 규모를 파악하기 위해 사용되고 있는 ODA 개념은 공여국들의 오랜 논의를 거쳐 1969년 만들어진 것이다. ODA는 공적 기구가 개발도상국의 경제발전과 후생 증진을 위해 개발도상국과 다자간 개발 기구에 제공하는 증여와 양허성 차관을 가리킨다. 1972년부터 2010년대 중반까지는 양허성의 기준으로 '할인율 10% 적용 시 증여율 25% 이상'이 사용되었는데, 2018년부터는 수혜국의 소득 그룹에 따라 기준을 차등 적용하기로 하였다. 이때 양허성 차관의 금액을 집계하는 방식도 순지출액에서 증여등가액으로 바뀌었다.

한국이 받은 ODA의 추이를 보면 1950년대 후반과 1960년대 말에 두 차례 피크가 있었으며 1980년대 이후로는 한국경제에서 차지하는 의미가 미미해졌다. 증여와 양허성 차관으로 나누어 보면 1950년대는 증여의 시대였고 1960년대 들어 양허성 차관으로의 전환이 진행되었다.

한국전쟁 이후 파괴된 경제의 부흥을 위해 먼저 UNKRA 원조가 제공되었는데, 미국 정부의 소극적인 태도로 원래 의도하였던 역할을 다하지 못하고 종료하였다. 다만, 『네이산 보고서』라는 근대경제학을 활용한 최초의 한국경제 부흥 계획서가 작성되었다는 점에 특징이 있다.

규모 면에서 경제부흥 원조로서 가장 큰 역할을 하였던 것은 FOA/ICA 원조였다. FOA/ICA 원조는 공장 건설 등 특정 프로젝트 수행을 위해 필요한 수입품과 자문 서비스 등을 제공하는 '프로젝트 원조'와 비료 등과 같이 한국경제에 필요한 수입품들을 제공하는 '비프로젝트 원조'로 구성되었다. 한국 정부는 생산 능력 증강을 위해 프로젝트 원조를 많이 받으려 하였으나 미국 정부는 물가 안정을 우선시해 비프로젝트 원조 위주로 원조를 구성하였다. 비프로젝트 원조는 네 가지 방식으로 배분되었는데, 그중 입찰이나 추첨을 거쳐 배분 기업이 정해지는 '일반 민수 구매'가 가장 큰 비율을 차지하였다.

1950년대 말 미국 정부는 의회 내 비판 등을 배경으로 증여 형태의 원조를 줄이고 차관 형태로 전환해 갔다. 한국 정부는 줄어드는 증여를 대신하기 위해 양허성 차관의 도입을 추진하였지만 상환 능력이 불충분한 상황에서 쉽지 않은 일이었다. 1959년 4월 첫 양허성 차관 계약이 체결되었고 1960년대 들어 법제도의 정비와 일본과의 국교 정상화에 따라 양허성 차관 도입액이 크게 늘어났다. 1970년대에는 공공차관 도입액은 계속해서 늘어났지만 국제금리의 상승 등에 따라 그중 양허성 차관 도입액은 정체 또는 감소하였다.

한국에 제공된 원조 중에는 잉여 농산물 원조와 기술 원조라고 하는 특별한 성격의 원조도 있었다. 잉여 농산물 원조는 미국 정부가 자국 농산물 가격 안정과 수출 확대를 위해 잉여 농산물을 원조로서 제공한 것인데, 증여 형태만 비교해 보았을 때 FOA/ICA 원조의 약 1/3 규모를 한국이 받았다. 대표적인 품목은 원면과 밀이었으며, 한국 면방직업의 발전과 식량 가격 안정에 기여하였다. 다만, 원면 배분의 특혜 논란을 야기하거나 농업과 농촌의 발전을 저해한 측면도 있었다.

기술 원조는 다른 원조와는 달리 무형의 원조이다. 인적 자본을 늘리거나 경제 전체의 기술 수준을 향상시키기 위해 제공되는 원조이며, 수혜국 기준으로 기술자·전문가 초청, 연수생 파견, 연구 용역 등으로 구성된다. 한국의 경우 1951년 3명을 해외에 파견하는 것으로 시작되었으며, 1960년대 후반과 1970년대에는 매년 900명 내외가 파견되고 200명 내외가 초청되었다. 분야별로는 광공업과 농림수산이 큰 부분을 차지하였다.

서두에서 지적하였듯이 한국은 막대한 경제원조를 받던 나라 중 괄목할 만한 경제성장을 이루어, 이제는 원조를 주는 나라가 된 대표적인 사례이며 매우 드문 사례이다. 원조 공여는 1963년부터 시작되었지만, 공여 체제가 본격적으로 정비된 것은 1987년 EDCF가 창설되고 1991년 KOICA가 설립되면서부터였다. 그로부터 10여 년 뒤인 2009년 한국은 원조 공여국 클럽인 DAC에도 가입하게 된다.

한국에 제공된 원조의 결과에 대해서는 대외 의존, 부패, 지대추구행위 등 부정적인 평가가 많았으나 최근에는 재검토도 이루어지고 있다. 국제 사회의 원조 효과성 논의가 아직 계속되고 있는 만큼 한국의 원조 경험이 기여할 수 있다면 좋을 것이다.

경제원조는 크게 보면 단순해 보이지만 자세히 안을 들여다보려고 하면 다양한 프로그램과 방식이 있는 만큼 꽤 복잡해서 접근에 어려움이 있다. 아무쪼록 이 책이 한국경제가 원조와 맺어 온 관계를 개괄하는 데 도움이 되기를 바란다. 이 책을 읽고 경제원조 연구에 흥미를 느낀 독자가 있다면 글쓴이로서 무척 행복한 일이다.

참고문헌

경제기획원 편(1986), 『외채백서』, 경제기획원.

과학기술처 편, 『과학기술연감』.

관계부처 합동(2007), 「공적개발원조(ODA) 중기전략(안) (2008~2010)」, 국제개발협력위원회 제2차 회의 보고자료.

______(2010), 「국제개발협력 선진화 방안」, 제7차 국제개발협력위원회 의결안건(제7-1호).

국무조정실(2005), 「"한국형 대외원조(ODA) 모델 만든다 – 정부, 대외원조 개선 종합전략 수립」(보도자료).

기획재정부·외교통상부(2010), 「분야별 국제개발협력 기본계획(안) (2011~2015년)」, 제8차 국제개발협력위원회 의결안건(제8-1호).

김낙년(1999), 「1960년대 한국의 경제성장과 정부의 역할」, 『경제사학』 제27호, 115~150.

김두얼·류상윤(2014), 「한국에 제공된 공적개발원조: 규모추정 및 국제비교」, 『경제학연구』 제62집 제3호, 147~187.

김양화(1990), 「1950년대 제조업 대자본의 자본축적에 관한 연구」, 서울대학교 경제학과 박사학위논문.

김종덕(1997), 『원조의 정치경제학』, 경남대학교출판부.

김준경·김광성(2012), 「한국의 원조수혜 경험 및 활용」, 기획재정부·KDI국제정책대학원.

대통령 자문 지속가능발전위원회(2004), 「대외원조(ODA) 정책 개선방안」, 지속위 자료집 2004-24.

류상윤(2017), 「경제부흥원조의 시작과 기업의 대응」, 『경영사학』 제32집 제3호, 5~23.

______(2019), 「1950년대 원조와 부산 기업」, 『지역과 역사』 45, 341~363.

박광명(2020), 「1950년대 중소기업개발계획의 전개와 성격」, 동국대학교 사학과 박사학위논문.
박현채(1978), 『민족경제론』, 한길사.
송건호 외(1985), 『해방40년의 재인식 I』, 돌베개.
에드워드 S. 메이슨 외(1981), 『한국 경제·사회의 근대화』, 한국개발연구원.
윤영진(1991), 「한국의 경제성장과정에서의 정부개입과 지대추구활동에 관한 연구」, 서울대학교 행정대학원 박사학위논문.
이경구(2004), 「한국에 대한 개발원조와 협력」, 연구 2004-1-25, 한국국제협력단.
이대근(2002), 『해방후·1950년대의 경제: 공업화의 사적 배경 연구』, 삼성경제연구소.
이대근·정운형 편(1984), 『한국자본주의론』, 까치.
이상철(2001), 「수입대체공업화정책의 전개: 1953-1961」, 안병직 편, 『한국경제성장사: 예비적 고찰』, 서울대출판부, 449~482.
이현진(2009), 『미국의 대한경제원조정책 1948~1960』, 혜안.
장현식(2007), 「원조의 효과성 제고를 위한 파리선언의 의미와 우리의 향후 추진 방향」, 『국제개발협력』 제4호, 38~55.
재무부(1988), 『공공차관현황: 1988. 12. 31 현재』, 재무부.
재무부 경제협력국(1987), 『공공차관통계: 협약체결기준』, 재무부.
재무부·한국산업은행(1993), 『한국외자도입30년사』, 재무부·한국산업은행.
정지원·이주영(2011), 「국제 사회의 '원조효과성에 관한 파리선언' 이행 성과 및 평가」, 『KIEP 지역경제 포커스』 Vol. 5, No. 46, 1~12.
정지원·정지선(2011), 『국제 사회의 개발재원 논의동향과 한국의 정책과제』, 대외경제정책연구원.
제프리 D. 삭스 지음, 김현구 옮김(2006), 『빈곤의 종말』, 21세기북스.
조영준 외 역해(2019), 『한국 경제의 재건을 위한 진단과 처방: 「네이산보고」(1954)의 재발견』, 한국학중앙연구원출판부.
주동주 편저(2011), 『국제개발과 국제원조』(개정판), 시나리오친구들.
진덕규 외(1981), 『1950년대의 인식』, 한길사.
한국은행, 『경제연감』.
______, 『경제통계연보』.
홍성유(1962), 『한국경제와 미국원조』, 박영사.

______(1965), 『한국경제의 자본축적과정』, 고려대 아시아문제연구소.

A. O. 크루거 지음, 전영학 역(1980), 『무역·외원과 경제개발』, 한국개발연구원.

OEEC事務局(1961), 「経済開発途上にある諸国への資金の流れ(1956~59年)—OEEC資料一」, 『外務省調査月報』 Vol. II, No. 9, 71~91.

Chang, Charles C. et al.(1999), "Measuring Aid Flows: A New Approach," Policy Research Working Paper 2050, World Bank.

Cho, Yoon Je(1998), "Government Intervention, Rent Distribution, and Economic Development in Korea," Masahiko Aoki et al. ed., *The Role of Government in East Asian Economic Development: Comparative Institutional Analysis*, Oxford University Press, 208~232.

OECD(2012), *From Aid to Development: The Global Fight against Poverty*, OECD Insights, OECD Publishing.

OECD Development Assistance Committee(2006), *Development Co-operation Report 2005*, OECD Publishing.

Scott, Simon(2015), "The accidental birth of 'official development assistance'," OECD Development Co-operation Working Paper 24.

Statistical Office of the United Nations(1957), *Statistical Yearbook 1957*.

Steinberg, David I. et al.(1984), "Korean Agricultural Services: The Invisible Hand in the Iron Glove. Market and Nonmarket Forces in Korean Rural Development," A.I.D. Project Impact Evaluation Report No. 52.

United Nations Korean Reconstruction Agency(1960), "Final financial report and accounts covering the operation of the Agency from the date of inception, 1 December 1950, to the date of closure, 31 August 1960 and report of the board of auditors," General Assembly Official Records: Fifteenth Session, Supplement No. 6D (A/4516).

United States Department of Agriculture(1971), "1970 Annual Report on Public Law 480," House Document No. 92-135.

______(1982), "Food for Peace: 1981 Annual Report on Public Law 480."

United States Operations Mission to Korea(1960), "Program Status Report: June 30, 1960, International Cooperation Administration, Fiscal Years 1954-1960 Korea"(국사편찬위원회 전자사료관).

찾아보기

[ㅎ]